ABRÉGÉ

DE

L'HISTOIRE D'ESPAGNE.

ABRÉGÉ

DE

L'HISTOIRE D'ESPAGNE,

DE DON THOMAS D'YRIARTE.

Traduit de l'espagnol par Ch. Brunet,

POUR SERVIR A L'ÉDUCATION DE LA JEUNESSE;

Suivi d'une courte Description géographique de l'Espagne et du Portugal, par le même auteur.

DE L'IMPRIMERIE DE MUNIER.

A PARIS,

Chez GÉRARD, rue St-André-des-Arcs, n° 41.
1803.

PRÉFACE.

L'utilité des abrégés, semblables à celui dont j'offre au public la traduction, est si généralement reconnue, qu'il n'existe presque aucun pays où ce travail classique n'ait occupé les veilles de quelques écrivains, plus ou moins habiles. L'étude approfondie de l'histoire, réservée aux hommes d'Etat ou aux littérateurs, n'est pas nécessaire à tous les individus de la société ; mais la connaissance des faits principaux, des révolutions les plus remarquables, des grandes époques, est une partie essentielle de l'éducation générale : nous possédons en France plusieurs ouvrages destinés à remplir ce but, tels sont : l'*Abrégé de l'Histoire universelle*, par Bossuet ; celui de l'*Histoire de France* du pré-

PREFACE.

sident Hénaut; un autre, par demandes et réponses, de la même histoire et de celle de Rome, par le Ragois; un troisième abrégé de l'*Histoire de France*, par l'abbé Millot, etc. Mais nous ne sommes pas assez riches en histoires abrégées des peuples nos voisins, sur-tout dans les temps modernes; l'*Essai* de Voltaire *sur les Mœurs et l'Esprit des nations, depuis Charlemagne jusqu'à Louis* XIII, tableau philosophique tracé sous un point de vue différent, ne remplit nullement ce vuide de notre littérature.

C'était aux traducteurs à y suppléer, mais jusqu'à présent ils ont négligé cette branche utile, et ne nous ont fait connaître parmi les historiens étrangers que ceux qui à l'exactitude réunissaient l'extension. Il est résulté de là qu'un grand nombre de personnes, effrayées de ces collections

PRÉFACE.

volumineuses, sont restées dans l'ignorance la plus absolue de l'histoire des nations qui nous entourent; et que d'autres, après avoir étudié les premiers élémens de notre propre histoire, voulant s'instruire de celle de nos voisins, ont été forcées, par le défaut d'abrégés, de consacrer à cette étude un temps qu'il eût été plus naturel et plus utile de donner à l'histoire détaillée de la France.

Occupé de l'étude de l'espagnol, j'ai essayé de rendre mon travail utile au public, en traduisant l'abrégé qu'on va lire.

Quelque judicieux qu'ait été l'auteur de cet ouvrage, il rapporte cependant, d'après le témoignage des historiens qui l'ont précédé, certains faits merveilleux, dignes, en apparence, de peu de foi; on découvre aussi, dans le jugement qu'il porte sur les princes, l'esprit de sa nation chez qui la religion

PRÉFACE.

a trop souvent porté l'empreinte de la superstition. J'ai cru ne devoir point altérer mon modèle ; les lecteurs éclairés sentiront ses erreurs, et les instituteurs pourront les indiquer à leurs disciples, en les avertissant que nulle religion ne consacre les actions que proscrit la morale.

J'ai pensé qu'on trouverait avec plaisir, à la suite de cet ouvrage, une courte description géographique de l'Espagne et du Portugal, tirée du même auteur; l'étude de cette description, faite avec une carte sous les yeux, facilitera l'intelligence des faits consignés dans l'histoire, et contribuera beaucoup à les fixer dans la mémoire des jeunes gens auxquels ce livre est particulièrement consacré.

ABRÉGÉ

ABRÉGÉ

DE

L'HISTOIRE D'ESPAGNE.

CHAPITRE PREMIER.

Domination des Carthaginois en Espagne.

L'HEUREUSE température dont jouit l'Espagne, la fertilité de son sol et les mines d'or et d'argent dont elle abonde, attirèrent dès les siècles les plus reculés différentes nations, telles que les Celtes, les Rhodiens, les Phéniciens, qui vinrent fonder des colonies sur les points de son territoire, qu'ils purent enlever aux habitans primitifs de cette belle péninsule, par astuce ou par violence. Mais les Carthaginois sont ceux qui réussirent principalement, non-seulement à s'y introduire, mais même à y établir leur domination. Le prétexte du commerce couvrit leurs premières entreprises ; ils fréquentèrent d'abord la côte de Cadix, bientôt ils y construisirent des maisons, des temples, des magasins : des forteresses ne tardèrent pas à s'élever ; et, tantôt employant l'artifice, tantôt déployant la force quand le premier n'atteignait pas leur but, ils parvinrent enfin à se rendre maîtres de toute la Bétique ou Andalousie. Les Espagnols résistèrent, mais trop tard ; et Amilcar, père d'Annibal, les soumit au joug carthaginois, deux cent trente-huit ans avant l'ère chrétienne, étendant ses conquêtes jusqu'en Murcie, Valence et Catalogne, où il fonda la ville de Barcelone.

Amilcar, tué dans une bataille qu'il livrait aux Saguntins, eut pour successeur Asdrubal, son gendre, qui construisit le port de la nouvelle Carthage, aujourd'hui Carthagène.

Les Romains, ennemis des Carthaginois, connaissant les nombreux avantages que ces derniers retiraient de la riche partie d'Espagne dont ils étaient en possession, certains qu'un grand nombre d'Espagnols souffraient impatiemment le joug de la tyrannie ambitieuse avec laquelle ces Africains exerçaient sur eux leur empire, les Romains, dis-je, résolurent de disputer aux Carthaginois la possession d'un pays si attrayant, et, dans cette vue, ils conclurent des alliances avec plusieurs peuples de cette région, particulièrement avec celui de Sagunte, aujourd'hui Morviedro, dans le royaume de Valence.

Asdrubal ayant été assassiné par un esclave, le gouvernement d'Espagne fut donné à Annibal, jeune encore mais valeureux et généralement estimé, qui, après avoir conquis le royaume de Tolède, réunit toutes ses forces pour le siége de Sagunte. Les Romains perdirent beaucoup de temps en négociations infructueuses, et ne secoururent point à temps cette ville leur alliée fidèle; de sorte que les assiégés se voyant, après une vigoureuse défense, forcés par le défaut de vivres de se rendre à Annibal, prirent la résolution désespérée de réduire leurs maisons en cendres et d'allumer, au milieu de leur place, un immense bûcher où ils se précipitèrent courageusement avec ce qu'ils avaient de plus précieux.

Aussitôt que les Carthaginois furent maîtres de Sagunte, ou, pour mieux dire, de ses ruines, commença entre eux et Rome la seconde guerre punique, deux cent dix-huit ans avant Jésus-Christ. Annibal se mit en marche pour l'Italie même, et passant les Alpes, défit ses ennemis dans trois batailles, et enfin dans la fameuse journée de Cannes, si fatale aux Romains, qui y perdirent la fleur de leurs troupes et la plus grande partie des premiers ordres de l'Etat.

Avant ce mauvais succès, les Romains avaient envoyé en Espagne le vaillant capitaine Cneyus Scipion, et depuis ils y firent passer encore son frère Publius Scipion. Ces deux guerriers firent beaucoup de mal aux Carthaginois et aux Espagnols attachés à leur parti, ils les vainquirent dans plusieurs rencontres.

Mais la conquête de l'Espagne était réservée à un autre Publius Scipion, le plus célèbre de tous ceux de ce nom, et le même qui depuis fut surnommé *l'Africain*. Par son rare courage, sa prudence, sa justice, son affabilité et ses autres grandes qualités morales, non-seulement il se rendit maître des provinces espagnoles, mais il soumit tous les cœurs. Bientôt il s'empara de Carthagène, deux cent dix ans avant l'ère chrétienne, et par une suite non-interrompue de victoires, il força Asdrubal, général carthaginois, à se retirer d'Espagne qu'il laissa presque entière au pouvoir des Romains.

Peu d'années après Scipion passa en

Afrique, marcha contre Carthage et, par une victoire décisive, remportée sur Annibal, mit fin à la seconde guerre punique.

CHAPITRE II.

Les Romains, maîtres de l'Espagne.

Les Romains gouvernaient l'Espagne par deux préteurs annuels : l'un régissait l'Espagne ultérieure (c'est-à-dire la Bétique et la Lusitanie) et l'autre l'Espagne citérieure ou tarragonaise, dans laquelle étaient comprises les autres provinces. Les extorsions, que commettaient les préteurs, indisposèrent les esprits de manière qu'un grand nombre d'Espagnols desirait s'affranchir du joug des Romains. Dans ces circonstances, Viriato, natif de Lusitanie, ou Portugal, d'abord simple berger, ensuite capitaine de bandits, homme de courage et de résolution, parvint à se mettre à la tête d'un grand nombre de mécontens soulevés par le désir de recouvrer leur liberté. Avec cette troupe il harcela les Romains, et dans diverses rencontres vainquit leurs plus braves généraux. Il paraît qu'aucun d'eux n'aurait triomphé de ce chef audacieux, si le consul Quintus Servilius Cepion, subornant trois des confidens de Viriato, ne les eût déterminés à l'assassiner, ce qu'ils exécutèrent en le surprenant endormi.

Par cette trahison, l'Espagne ultérieure, privée d'un chef, retomba sous le joug, et les troubles y furent appaisés. Alors recommença, avec une vigueur nouvelle, la guerre contre Numance, ville à peu de distance du terrain sur lequel est aujourd'hui bâtie celle de Soria et très-fameuse par le courage avec lequel elle défendit sa liberté contre la puissance des Romains dont elle fit, à diverses reprises, un carnage considérable. Les consuls les plus aguerris et les plus expérimentés, avaient fait de vains efforts pour soumettre cette fière cité; mais ce peuple généreux fut enfin contraint de céder à la famine et à l'habileté militaire de Publius Cornelius Scipion le jeune (appelé aussi *Emilien*), qui mérita, par ce succès, le surnom de *Numantin*. Les assiégés firent des prodiges de valeur, et lorsqu'enfin ils se virent prêts à succomber, ils commencèrent à s'entre-tuer en désespérés, et à l'exemple des Saguntins, ils s'enterrèrent sous les débris fumans de leurs habitations et de leurs richesses.

Après la destruction de Numance, qui arriva cent trente-quatre ans avant Jésus-Christ, l'habile et intrépide Sertorius, qui, dans les guerres civiles entre Marius et Silla, suivait les bannières du premier, soutint en Espagne une guerre opiniâtre. Il attira dans son parti beaucoup d'Espagnols et sur-tout de Portugais; disciplina ses troupes; fonda des écoles publiques et un sénat à l'instar de celui de Rome; enfin il aspira à établir en Espagne un empire rival de celui d'Italie. Le fer d'un assassin arrêta l'exécution de ses vastes projets; il tomba sous les coups du traître Perpenna, l'un de ses officiers.

Pompée réduisit bientôt les provinces espagnoles à l'obéissance. Jules César mit le sceau à cette entreprise, et, durant les querelles sanglantes qui ne tardèrent pas à éclater entre Pompée et le même César, l'Espagne acheva de se soumettre aux armes victorieuses de cet empereur qui, à la célèbre bataille de Munda, anéantit l'armée du fils aîné de Pompée.

Octave Auguste, successeur de Jules César, affermit en Espagne la puissance romaine, tant par les colonies qu'il y fonda, que par l'assujettissement où il réduisit les Asturiens, les Galiciens et les Cantabres.

De cet instant l'Espagne commença à se reposer des longues guerres qui l'avaient déchirée depuis l'entrée des Carthaginois; entièrement subjuguée par les Romains, elle prit leurs usages, leur idiome, leur religion et leurs lois.

CHAPITRE III.

Règne des Goths jusqu'au roi catholique Recaredo.

L'ESPAGNE demeura sous la domination des empereurs de Rome, sans aucun changement mémorable, jusqu'au commencement du cinquième siècle. A cette époque elle fut l'un des principaux théâtres de la révolution qu'opérèrent les irruptions des barbares du Nord, dans l'empire Romain déja penchant vers sa ruine.

Sous le règne d'Honorius, en 409, leurs armées formidables portèrent par-tout le ravage et la mort; la Galice, Léon et la Castille vieille devinrent la proie des Suèves; les Vandales et les Silingiens se partagèrent la Bétique, et les Alains se répandirent sur la Lusitanie et la province de Carthagène.

Peu de temps après, s'établit en Cata- — Atolphe logne Atolphe, beau-frère d'Honorius et roi des Visigoths ou Goths occidentaux, distingués des orientaux qui se nommaient Ostrogoths. Ce roi fondateur de la monarchie Gothe en Espagne, content des districts qu'il possédait, résista aux clameurs de ses vassaux qui ambitionnaient de nouvelles conquêtes; ils se soulevèrent à ce sujet et l'assassinèrent en traîtres à Barcelone, l'an 416 de l'ère chrétienne.

Sigeric lui succéda; mais il retint peu — Sigeric, de jours les rênes du gouvernement; il fut l'an 416. renversé du trône par une fin aussi tragique que celle d'Atolphe.

Uvalia, capitaine renommé, obtint la — Uvalia. couronne : il convint, par un pacte avec l'empereur Honorius, qu'il serait déclaré souverain des provinces possédées par les Goths, à condition qu'il soustrairait à la tyrannie des Suèves, des Vandales et des Alains les pays que ces derniers avaient usurpés sur l'empire Romain. En effet, Uvalia marcha contre ces peuples, les soumit à la domination romaine, et fut reconnu par l'empereur comme roi légitime des Goths dans les Gaules et en Espagne.

A *

Théodore, l'an 419.

Uvalia étant mort à Toulouse en 419, Théodore, ou Théodoric, son parent, s'empara du trône. De grands changemens eurent lieu sous son règne. La guerre s'alluma entre les Vandales et les Suèves ; les premiers, après avoir occasionné en Espagne les plus grands ravages, passèrent en Afrique, appelés par Boniface qui y gouvernait quelques provinces romaines, et qui, aigri contre l'empereur Valentinien, avait déterminé de les en rendre maîtres. De cette manière les Silingiens restèrent seuls en possession de l'Andalousie. D'autre part, le roi Théodore s'unit avec Aëtius, général romain et Merouée, roi de France, pour résister à la fureur d'Atila, roi des Huns, qui, à la tête d'une armée nombreuse de ces barbares, déja vainqueurs en Italie, marchait sur la France pour la détruire et menaçait l'Espagne d'une nouvelle invasion. Les trois alliés remportèrent une victoire complette sur leurs ennemis, dans une fameuse bataille livrée en Catalogne en 451 ; mais le roi Théodore y fut tué en combattant valeureusement.

Turismund, l'an 451.

Turismund, son fils aîné, fut proclamé roi des Goths ; mais peu de temps après son frère Théodoric le fit périr.

Théodoric.

Le meurtrier ceignit la couronne : avec

le secours des Français et des Bourguignons, il vainquit les Suèves, fit leur roi prisonnier et laissa cet empire presque éteint; mais Eurique, frère cadet de Théodoric, lui arracha la vie, comme il l'avait ôtée à Turismond, et monta sur le trône en 467.

Eurique acheva de se rendre maître de l'Espagne par des victoires aussi nombreuses que signalées. Il secoua presque entièrement le joug des Romains, et il avait porté ses armes victorieuses dans les provinces méridionales de France, lorsqu'il mourut à Arles dans la dix-septième année de son règne, l'un des plus glorieux pour les Goths. {Eurique, l'an 467.}

Il laissa le trône à son fils Alaric, prince doué de grandes qualités, qui s'engagea dans une guerre malheureuse contre Clovis, roi de France. Celui-ci le vainquit dans une bataille sanglante, en 506, lui ôta la vie et détacha du royaume des Goths la Gaule gothique. {Alaric.}

Alaric laissait un fils âgé de cinq ans, nommé Amalaric, auquel appartenait la couronne. Gelase, son frère bâtard, l'usurpa sur lui quelque temps; mais Théodoric, roi d'Italie, aïeul du jeune Amalaric, la reconquit par la force des armes {Gelase.}

et gouverna l'Espagne comme tuteur de son petit-fils.

Amalaric. Amalaric épousa depuis Clotilde, fille de Clovis, qui professait la religion catholique et s'efforça de la faire embrasser à son époux. Il suivait l'arianisme comme tous les rois Goths ses prédécesseurs et, par cette raison, la traita avec tant de rigueur et d'inhumanité que Childebert, roi de France et frère de Clotilde, résolut de tirer vengeance des cruels outrages que sa sœur éprouvait. Il livra à Amalaric, en 531, près de Narbonne, une bataille dans laquelle ce monarque fut blessé mortellement, au moment où il cherchait un asile dans un temple catholique.

Téudis, l'an 531. Téudis ou Théodio, ostrogoth, qui pendant la minorité d'Amalaric avait gouverné l'Espagne au nom de Théodoric, roi d'Italie, fut élu souverain. Il continua avec peu de succès la guerre contre les rois de France, et mourut en 548, assassiné dans l'intérieur de son palais par un fol supposé.

Teudiscle. Teudiscle, qui avait été général de ses troupes, lui succéda. Ce fut un prince valeureux; mais il s'abandonna à des débauches si effrénées et si honteuses, que divers seigneurs de sa cour conspirèrent contre lui et lui donnèrent la mort à Séville en 550.

Agila se rendit odieux par l'oisiveté dans laquelle il se plongea ; ses vassaux, conduits par Atanagilde qui aspirait au trône, se révoltèrent contre lui, et finirent par lui ôter la vie d'une manière ignominieuse à Mérida en l'année 554. *Agila.*

Atanagilde parvint en effet à s'emparer du sceptre ; et comme, pour l'enlever à Agila, il avait imploré le secours de l'empereur Justinien, introduit en Espagne des troupes romaines, et même accordé, à ce que l'on croit, quelques territoires à ces auxiliaires, il se vit bientôt forcé de tourner ses forces contre eux ; mais ses efforts pour les expulser d'Espagne furent infructueux. *Atanagilde, l'an 554.*

Atanagilde étant mort à Tolède en 567, il eut pour successeur élu Liuva, qui gouvernait la Gaule gothique. Ce prince associa à son trône son frère Léovigilde, et se retira dans les Gaules. *Liuva 1er Leovigilde, l'an 567.*

Léovigilde vainquit les Romains, vassaux de l'empire Grec, et leur enleva plusieurs villes d'Andalousie. Il soumit également les Suèves de Galice et les Cantabres qui s'étaient révoltés.

Il avait eu de son épouse Théodosie,

sœur des saints Isidore, Léandre et Fulgens, deux fils nommés Hermenegilde et Recaredo; après la mort de Théodosie, il épousa Gosvinda, veuve d'Atanagilde, et céda le royaume de Séville à son fils aîné Hermenegilde qui se maria avec Ingunda, fille de Sigisbert, roi d'Austrasie. Cette princesse professait la religion catholique et, par cette raison, éprouva de la part de Gosvinda, qui était arienne, des persécutions et des mauvais traitemens inimaginables. La résignation chrétienne d'Ingunda et les exhortations efficaces de saint Léandre, archevêque de Séville, oncle d'Hermenegilde, le déterminèrent à abjurer l'arianisme et à embrasser la religion catholique. Sa conversion irrita Léovigilde, qui, après avoir employé inutilement, à l'égard de son fils, l'artifice et la séduction, eut recours aux moyens violens, l'assiégea dans sa cour de Séville, s'empara de la ville et se saisit de sa personne. Tandis qu'il le tenait enfermé dans les prisons, il n'épargna pas les promesses les plus flatteuses pour le ramener à l'arianisme; mais ce héros chrétien ayant résisté à tous ses efforts, son père lui fit trancher la tête.

Après cette atroce iniquité, Léovigilde

troublé quelquefois par des remords intérieurs, ne cessa pas cependant de poursuivre avec la plus grande tyrannie les catholiques et sur-tout les évêques.

Attaqué enfin d'une maladie dangereuse vers l'an 586, il donna quelques marques de repentir, il tint l'étrier à saint Léandre, et lui confia la personne de son fils Recaredo pour le faire élever dans la religion catholique ; mais il mourut dans la secte arienne, quoiqu'il donnât, dit-on, plusieurs signes de conversion intérieure.

CHAPITRE IV.

Continuation de la chronologie des rois Goths jusqu'à Ruderic ou Don Rodrigue.

Le règne de Flavius Recaredo, surnommé *le Catholique*, est un des plus célèbres de notre histoire, en ce que, non-seulement ce roi embrassa la religion catholique, converti par l'exemple de son frère saint Hermenegilde, martyr, et par les leçons de son oncle saint Léandre ; mais

Recaredo 1er.

encore en ce qu'il fit embrasser le catholicisme aux Goths ses vassaux. Pour mettre fin à cette difficile entreprise, il sut se conduire avec une politique si consommée, que, lorsqu'il abjura publiquement la secte arienne, il fut imité par un grand nombre des grands du royaume, et ensuite par la nation presque entière. Il eut à vaincre des obstacles multipliés et puissans : quelques ariens conspirèrent contre sa vie ; mais le ciel permit que ces conjurations fussent découvertes, et le monarque pieux n'en fut pas moins actif dans l'exécution de ses projets ; il rendit aux églises et aux monastères leurs biens, et aux évêques le libre exercice de leur ministère ; enfin il porta les derniers coups à l'hérésie par la convocation de conciles nationaux, principalement du troisième de Tolède qui, par le nombre des prélats qui y assistèrent et par la gravité des points qui y furent discutés, fut le plus solemnel et le plus important de ceux tenus en occident vers ce temps.

Les Français déclarèrent la guerre à Recaredo, sous prétexte de venger la mort de saint Hermenegilde, et la persécution qu'avait soufferte Ingunda, lorsque, fuyant devant Leovigilde, elle se retira, avec le prince son fils, en Afrique où ils moururent tous deux; mais le roi, qui était innocent de ces persécutions, remporta, par la protection divine, deux victoires mémorables près de Carcassonne; elles mirent fin à la guerre, et avec la paix se conclut le mariage de Recaredo avec Clodosinde, sœur de Childebert, roi d'Austrasie. Il appaisa par la force des armes les soulèvemens des Gascons navarrois; et mourut couvert de lauriers et comblé des bénédictions des catholiques, dans l'année 601. La couronne fut dévolue à son fils Liuva II, qui donnait les plus grandes espérances d'un règne heureux; mais à peine avait-il régné deux ans, lorsqu'il fut assassiné par le traître Viterico, général des troupes de son père; l'assassin monta sur ce trône sanglant et s'y maintint par la tyrannie, jusqu'à ce qu'enfin, en 610, une conjuration le lui fit perdre avec la vie. L'an 601. Liuva II
Viterico.

Le sceptre passa dans les mains de Gundemar qui ne régna que deux ans, et ensuite dans celles de Sisebuto, prince digne d'éloges pour ses vertus religieuses et guerrières. Il fit preuve des unes par les victoires qu'il remporta sur les Grecs, et des autres, par le zèle avec lequel il protégea le catholicisme; cependant on lui reproche d'avoir eu recours, à cet effet, à des moyens injustes et Gundemar.
Sisebuto.

violens, que proscrivent également la charité chrétienne et la saine politique.

<small>Recaredo II, l'an 621.</small>

Sisebuto mourut en 621, et son fils Recaredo II, qui lui succéda en très-bas âge, est à peine compté dans la chronologie des rois goths, attendu qu'il ne régna pas trois mois.

<small>Suintila.</small>

Flavius Suintila, dernier fils de Recaredo le catholique, remonta alors sur le trône de son père; il y déploya d'abord des vertus exemplaires et de grands talens militaires, détruisit entièrement les Grecs vassaux de l'empire Romain, et, par leur défaite, eut la gloire de se voir enfin maître absolu et paisible de toute l'Espagne; mais dans les dernières années de son règne il se livra à une vie sensuelle et efféminée, au point qu'il abandonna les rênes de l'empire à sa femme Théodore et à son frère Geila, pour ne songer à autre chose qu'à satisfaire ses passions déréglées. Il s'attira la haine de ses vassaux, et Sisenando, l'un des principaux seigneurs du royaume, mettant à profit cette circonstance, sollicita des secours de Dagobert, roi de Bourgogne, et à la tête d'une armée française formidable, détruisit les forces de Suintila, le renversa du trône et s'y assit, en 631, au milieu des applaudissemens universels des Goths.

Sisenando gouverna la monarchie avec justice et piété; il rétablit la discipline ecclésiastique. *Sisenando, l'an 631.*

Chintila, Tulga, Chindasvinto et Recesvinto, qui gouvernèrent successivement l'Espagne depuis la mort de Sisenando, arrivée, suivant l'opinion commune, en l'année 635, jusqu'en 672 où Wamba monta sur le trône, ne fournissent à l'histoire aucuns faits mémorables; la politique et la religion n'éprouvèrent sous leurs règnes aucuns changemens dignes de remarque. *Chintila, Tulga, Chindasvinto, Recesvinto.*

Wamba était un Goth, noble magnat, doué de qualités distinguées, prudent, désintéressé et vertueux : il rejeta l'offre qu'on lui faisait de la couronne; mais il fut contraint de l'accepter, et sacré roi dans une cérémonie solennelle, jusqu'alors inusitée en Espagne. La Gaule gothique, la Navarre et d'autres provinces s'étant révoltées, il en confia la pacification à son général, Paul; celui-ci eut l'adresse de se faire des partisans qui le proclamèrent roi; mais l'intrépide Wamba marcha contre les rebelles, réprima leur audace, et les réduisit à l'obéissance. Il vainquit les Sarrazins dans un combat naval, protégea la religion catholique et l'état ecclésiastique; donna à la monarchie des lois sages, orna *Wamba l'an 672.*

Tolède, séjour des rois, l'agrandit par de somptueux édifices, et ajouta à ses fortifications de nouvelles forteresses.

A la suite d'une maladie grave et subite, il abdiqua la couronne, nommant pour son successeur Flavius Ervigio, parent du roi Chindasvinto, et se retira sous l'habit religieux dans un monastère, où il vécut sept ou huit ans après sa renonciation au trône en 681.

Ervigio l'an 681. Le règne d'Ervigio fut, en général, heureux et tranquille pour ses vassaux comme pour l'Eglise. La mort ayant atteint ce prince en 686, il eut pour successeur son gendre Flavius Egica, neveu de Wamba, auquel, de son vivant, il avait déjà assuré la couronne, du consentement des grands de la nation.

Egica, l'an 686. Egica régna environ quatorze ans, et en 696 associa à son trône son fils Witiza, qui resta seul maître de l'empire à la mort de son père en 701.

Witiza, l'an 701. Les annales gothiques ne nous transmettent la mémoire d'aucun prince plus odieux que Witiza, quoiqu'il n'ait pas manqué de défenseurs. La tradition commune est qu'ayant commencé son règne avec une réputation méritée de prudence, de bonté, de justice et de piété, il devint, par la suite l'esclave des passions les plus viles, et qu'il tomba dans la turpitude la plus scandaleuse. Non content de violer lui-même les statuts de la religion et des lois, il autorisa ses vassaux à les violer publiquement et impunément de toutes les manières. Il commit des cruautés inouies, fit périr, sans motif, Favila, père de don Pélage, et fils du roi Chindasvinto, arracha les yeux à l'infant Théodefroi, fils du même roi, et père de Ruderico, communément appelé *don Rodrigue*. Tant d'inhumanités et de désordres soulevèrent les vassaux, qui, secouant le joug tyrannique de Witiza, élurent pour souverain Rodrigue, fils, comme on l'a vu, de Theodefroi et petit-fils de Chindasvinto. On ne sait pas d'une manière certaine si ce tyran mourut à Tolède, d'une mort naturelle, ou si, comme d'autres le prétendent, Rodrigue abrégea ses jours en le bannissant à Cordoue, où il lui fit arracher les yeux pour venger la même atrocité par lui commise à l'égard de Theodefroi.

Rodrigue trouva le royaume réduit à un état si fâcheux, par la conduite dépravée de son prédécesseur Witiza, qu'il aurait eu besoin, pour le réformer, de beaucoup de vertu et de constance; mais par mal-

Don Rodrigue.

heur il était loin de posséder aucune de ces qualités ; il n'était pas moins vicieux que pusillanime, et son règne acheva de perdre l'Espagne.

Une ancienne chronique, dont l'authenticité à souffert quelques objections de la part des meilleurs critiques, rapporte que ce monarque viola outrageusement une fille du comte don Julien, vulgairement connu sous le nom de *la Cava*, que lui donnèrent les Arabes. Soit pour venger cette injure, comme on le croit généralement, soit par quelque autre motif de mécontentement ou d'ambition, il est certain que le comte don Julien, alors gouverneur des provinces voisines du détroit de Gibraltar, résolut de livrer les royaumes d'Espagne aux Sarrazins, déja maîtres de l'Arabie, de l'Égypte, et de la partie d'Afrique appelée *Mauritanie*, d'où leur est venu le nom de Mores.

Le comte don Julien traita de l'exécution de ses projets perfides avec Muza, qui était alors gouverneur des provinces d'Afrique pour le Miramolin Ulit, souverain des Arabes ; et Muza confia à son capitaine, Tarik, ou Tarif, l'entreprise de passer en Espagne, avec quelques troupes, par le détroit de Gibraltar. Tarif réussit dans son expédition, gagna de grandes victoires sur les chrétiens qui n'étaient point sur leurs gardes, et leur enleva de riches dépouilles. L'état d'abandon où les places et la discipline militaire étaient tombées; le mécontentement qui régnait parmi les vassaux, indignés du gouvernement déréglé de Witiza et de la vicieuse oisiveté de Rodrigue; le bruit des premiers triomphes remportés par les Arabes; tout contribuait à leur faciliter la conquête rapide du midi de l'Espagne.

Rodrigue rassembla une armée comme il put, et non loin de Xérès, sur la frontière, et sur les bords du fleuve Guadalète, fit tête aux Mores et aux Goths rebelles, alliés de don Julien, et leur présenta la bataille. Il la perdit et le trône avec elle. Les fils de Witiza, avec quelques troupes et le traître don Opas, prélat de Séville, et frère du même Witiza, passèrent à l'ennemi, tournant les armes contre leur patrie. Le roi disparut à la fin de la bataille, sans que l'on ait pu savoir ce qu'il devint.

Les Sarrazins, profitant inhumainement de l'avantage qu'ils obtenaient, firent des Espagnols un horrible carnage. Muza, encouragé par l'heureux succès de ses armes, passa depuis, lui-même, en Andalousie à la tête d'une autre armée ; et en moins de trois ans, la majeure partie de l'Espagne demeura assujettie à la domination barbare des mahométans. Ainsi perdit son éclat l'empire Gothique, après avoir duré plus de trois siècles. Les historiens ne s'accordent pas sur l'époque précise de la première invasion des Arabes en Espagne ; les uns veulent que la bataille de Guadalète ait été livrée en 711, d'autres la placent en 714.

Lorsque ces infidèles eurent commencé à établir en Espagne leur empire, leur calife prit la coutume d'y envoyer des gouverneurs pour administrer les provinces conquises, et des généraux pour poursuivre la conquête des autres ; mais chacun d'eux se prévalant de l'autorité et des armes qui lui étaient confiées, se formait une cour et se rendait souverain. Telle fut l'origine de cette multitude de royaumes mores qui se formèrent successivement à Cordoue, à Saragosse, à Valence, à Séville, à Tolède, à Grenade, et autres confins. Des discordes fréquentes divisaient ces rois particuliers ; et la guerre qu'ils se faisaient mutuellement, contribua à leur destruction, autant que les exploits par lesquels les chrétiens surent, comme nous le verrons par la suite, recouvrer l'empire dont ils étaient déchus.

CHAPITRE

CHAPITRE V.

Commencement de la restauration d'Espagne, et Chronologie des rois des Asturies, ou d'Oviedo, jusqu'à don Ordogno II, roi de Léon.

Don Pelage, fils de Favila, et petit-fils du roi Chindasvinto, après s'être trouvé, suivant l'opinion la plus commune, à la bataille de Guadalète, se retira dans les montagnes des Asturies, suivi de quelques Goths et Espagnols, non moins fidèles à leur patrie que fortement attachés à leur religion, et fut proclamé roi en 718. Les Mores s'avançaient pour conquérir cette contrée, lorsque le héros Pelage, marqué par le ciel pour être le restaurateur de l'Espagne, accompagné d'une troupe dont le courage suppléait au nombre, mit les infidèles en déroute et, par le bruit de sa victoire, attira sous la bannière chrétienne de nombreux défenseurs. Il continua la guerre contre les Arabes, étendant chaque jour ses succès et ses conquêtes, et s'empara de la ville de Léon ; c'est de ce prince que l'on commence

Don Pelage, l'an 718.

B

à compter la série des illustres rois des Asturies ou d'Oviédo qui, depuis, portèrent le titre de rois de Léon. Le pieux et vaillant Pelage, dont le nom sera éternellement cher et vénéré parmi les Espagnols, mourut en l'année 737; il eut pour successeur son fils Favila qui ne régna que deux ans, ayant été déchiré à la chasse par un ours.

<small>Favila, l'an 737.</small>

<small>Alph. 1ᵉʳ le Catholiq. l'an 739.</small> Alphonse ou Alonze 1ᵉʳ, surnommé *le Catholique*, gendre de don Pelage et descendant de Recaredo, régna depuis 739 jusqu'en 757. Il continua la guerre contre les Sarrazins, et leur enleva nombre de villes de Galice, de Léon et de Castille, déployant tant de valeur et secondé si constamment par la fortune que son règne est compté avec raison au nombre des plus glorieux de l'histoire d'Espagne.

<small>Frucla 1ᵉʳ.</small> Son fils Frucla, ou Froila, vainquit les infidèles, dans une bataille sanglante et célèbre où périrent cinquante-quatre mille d'entr'eux, et demeura maître paisible du royaume de Galice et des autres territoires que ses prédécesseurs avaient déjà affranchi du joug Africain. Frucla fit périr son frère Bimarano sur des soupçons mal fondés; cette mort fût vengée et lui-même tomba bientôt sous les coups d'un de ses cousins

nommé Aurèle, qui s'empara du trône en 778, et le conserva six ans.

<small>Aurèle, l'an 778.</small>

Le sceptre passa ensuite à Silo qui avait épousé une sœur d'Aurèle; et, neuf ans après, à Mauregato, fils naturel de don Alphonse le Catholique. Ce prince régna cinq ans, et rendit son nom odieux par le traité infame qu'il conclut, dit-on, avec le More, et par lequel il s'obligeait à lui payer un tribut annuel de cent jeunes filles, dont cinquante, prises parmi la noblesse, et cinquante, dans la classe du peuple. Plusieurs auteurs prétendent néanmoins que ce tribut honteux était déja souscrit depuis le règne d'Aurèle, et d'autres prétendent même qu'un tel pacte n'a jamais existé.

<small>Silo. Mauregato.</small>

A la mort de Mauregato, arrivée en 788, Bermudo, ou Veremundo, le diacre, neveu de don Alphonse le Catholique, ceignit la couronne. Ces quatre derniers rois, Aurèle, Silo, Mauregato et Bermudo furent, à la rigueur, usurpateurs du trône, puisqu'ils en jouirent au préjudice de don Alphonse II, dit *le Chaste*, fils de don Fruela, qui était dans le plus bas âge lorsque ce roi mourut assassiné. A la fin, Bermudo reconnaissant d'une part que le sceptre ne lui appartenait pas de droit, et de l'autre, qu'il était incompatible avec sa dignité de diacre, céda le

<small>Bernardo Ier, le diacre, l'an 791.</small>

Alonze le Chaste l'an 791. trône en 791, à don Alonse le Chaste, qui régna jusqu'à la fin de 842, ou au commencement de l'année suivante. Son long règne fut prospère et mémorable, il parvint à soustraire, en grande partie, les Espagnols à l'oppression des Sarrazins; et ceux qui attestent le fait de l'ignominieux tribut consenti par Mauregato, attribuent à Alonze son abolition. Il livra aux Mores de fréquens et terribles combats au nombre desquels on compte deux batailles dont la première, livrée près de Lédos, dans les Asturies, leur coûta soixante et dix mille hommes, et la seconde, donnée à Lugo en Galice, cinquante mille.

Suivant le cours de ses victoires, il chassa les barbares jusqu'à Lisbonne, conquit non-seulement cette ville importante, mais encore d'autres places fortes, et obligea les infidèles à lever le siége qu'ils avaient mis devant Benevent, Merida et Zamora.

Les annales de ce temps rapportent que l'infante dona Chimène, sœur du roi don Alonze, mariée secrétement avec don Sancho Diaz, comte de Saldagna, mit au jour, du fruit de cette union, le célèbre Bernard de Carpio, dont les aventures et hauts faits militaires ont fourni tant de matière aux nouvelles et aux anciens romans espagnols, et ont donné lieu à tant de fables et d'exagérations. L'histoire raconte également que le roi, instruit de la faiblesse de l'infante, fut indigné à tel point de la hardiesse du comte, qu'il lui fit arracher les yeux, le condamna à une prison perpétuelle dans le château de Luna, et renferma dona Chimène dans un monastère. L'infant Bernard reçut une noble éducation, et sa valeur fut depuis très-utile à l'Espagne, dans les combats qu'elle eut à soutenir contre ses ennemis ; mais l'inflexibilité avec laquelle Alphonse rejeta les prières de Bernard, suppliant pour la liberté de son père, excita le ressentiment de ce jeune homme intrépide qui tourna les armes contre son roi, et perdit par-là la couronne à laquelle il avait quelque droit.

Nombre d'historiens sont d'accord que c'est sous le règne d'Alphonse, que vint en Espagne l'empereur Charlemagne, qui s'empara de Pampelune, et porta ses armes jusque devant Saragosse ; mais on ne connaît pas d'une manière positive le véritable motif qui attira ce grand prince en Espagne. Ils assurent également qu'il y revint une seconde fois pour aider à en chasser les Mores ; suivant eux, don Alonze, pour prix de ce secours, lui avait promis la succession à la couronne, mais la principale noblesse d'Espagne s'étant opposée à l'exécution d'un pareil pacte, le roi fut obligé de rétracter sa parole. Il paraît moins douteux qu'en raison de quelque mésintelligence survenue entre les deux souverains, l'armée espagnole, soutenue par l'alliance de Marsilio, roi more de Saragosse, et appuyée par le bras valeureux de Bernard de Carpio, en vint aux mains avec les Français, à Roncevaux, sur le penchant des Pyrénées, et qu'elle en fit un carnage complet. La confusion qui règne chez les auteurs espagnols et étrangers, dans le récit de ces événemens, dont la mémoire nous a été transmise par des traditions souvent partiales, a donné lieu à ce que les Espagnols attribuassent à Bernard de Carpio, et les Français, à leur héros Roland, des exploits incroyables.

C'est une tradition à-peu-près généralement reçue, que, sous le règne du même don Alonze le Chaste, on découvrit en Galice le sépulcre de l'apôtre saint Jacques, à qui l'Espagne était redevable de la prédication de l'Evangile. La dévotion à ce patron de l'Espagne, s'est propagée jusqu'à nos jours avec le même zèle, et depuis ce temps d'innombrables pélerins viennent visiter cette relique de toutes les parties du monde chrétien.

Don Alonze, parvenu à la vieillesse, couvert de lauriers et chéri généralement pour ses vertus, sa piété religieuse et sa magnificence, termina sa carrière glorieuse en désignant pour son successeur, don Ramire 1er, fils du roi don Bermudo, suivant l'opinion commune.

Ramire 1er.

Alphonse ne laissa point de descendans, ayant vécu dans une continence perpétuelle, même pendant son mariage ; c'est pour cette raison sans doute qu'on lui a donné le surnom de *Chaste*, plutôt que pour l'abolition du tribut de cent jeunes filles dont il est parlé plus haut.

Au nombre des victoires heureuses que le roi don Ramire gagna sur les mahométans, on cite, comme la plus signalée, celle qu'il remporta dans les champs d'Albelda, près de Logrogno, avec une armée fort inférieure à celle de l'ennemi. Les annales de ce temps rapportent que ce succès fut dû à l'apôtre saint Jacques que le roi déclara lui avoir apparu en songe, l'exhortant à combattre, et qui, pendant la bataille, redoubla la confiance et l'ardeur des chrétiens, en s'offrant à leur vue, monté sur un cheval blanc. Ce triomphe éclatant abattit tellement l'orgueil des Mores, que don Ramire s'empara, sans beaucoup de résistance, de Clavijo, d'Albelda et de Calahorra.

Antérieurement à ces brillans succès, il avait réprimé la rebellion du comte Nepociano, qui avait tenté de se faire couronner roi dans les Asturies; et, depuis, sa valeur repoussa les Normands qui débarquèrent sur les côtes de la Galice, au nombre de cent mille combattans.

Ordogno 1er, l'an 850. Dans le cours de l'année 850 don Ramire mourut et laissa le trône à son fils don Ordógno 1er, également digne de lui succéder par sa piété et par son courage; ce monarque vainquit les Sarrazins en différentes rencontres, reconquit nombre de villes, principalement Soria et Salamanque, et en rétablit d'autres, telles que Tuy, Astorga et Léon, qui avaient beaucoup souffert dans les guerres précédentes.

Alp. III, dit le Grand. Après la mort d'Ordogno, en 862, et selon d'autres en 866, la couronne passa à son fils don Alphonse III, qui la conserva jusqu'en 910, époque de son abdication. Ce prince étendit ses conquêtes plus qu'aucun de ses prédécesseurs, et dut à ses victoires le surnom de *Grand*, titre dont il ne se montra pas moins digne par sa clémence, la fermeté de son caractère, sa libéralité envers les pauvres, et son zèle pour le culte divin. Envain, plus d'une fois, des magnats ambitieux se soulevèrent contre lui, sa prudence et sa valeur surent toujours arrêter ces désordres. Il vainquit les Arabes avec le même bonheur dans différentes rencontres, leur enleva Coimbra, Simancas et Duegnas, avec tout leur territoire. Mais il fut malheureux dans son intérieur, et sa propre famille lui causa les chagrins les plus graves. Son épouse, Chimène, Ordogno et Fruela ses fils, don Garcie qui était l'aîné, et Nugno Hernandès, beau-père de ce dernier et comte de Castille, s'unirent contre Alphonse, qui se vit obligé à prendre les armes pour résister à cette persécution, et à saisir don Garcie qu'il fit renfermer dans un château. Las à la fin de cette guerre domestique, le roi remit solennellement la couronne de Léon à don Garcie, et le gouvernement de la Galice à Ordogno. Privé de la souveraineté par l'ingratitude de ses enfans, il ne remit point l'épée dans le fourreau; et marchant contre le More, il ajouta, comme simple soldat, une nouvelle victoire aux triomphes qui avaient signalé son règne. Chargé de dépouilles, il se retira à Zamora,

Don Garcie, l'an 910.

B *

ville que lui-même avait rebâtie et fortifiée, ainsi que plusieurs autres; il y finit ses jours. Alphonse réunissait l'amour des lettres à l'habileté militaire; et il nous est resté de lui une chronique des rois ses prédécesseurs, qui commence depuis Wamba, et finit à don Ordogno 1er.

Don Ordogno II. A don Garcie qui ne régna que trois ans, et qui remporta quelques victoires sur les Mores, succéda don Ordogno II, qui se fit couronner à Léon, où il établit sa cour; dès-lors il prit et laissa à ses descendans le titre de rois de Léon, au lieu de celui de rois d'Oviédo que ses prédécesseurs avaient porté depuis don Pelage.

Don Ordogno ne fut pas généralement heureux dans ses guerres contre les Arabes; après les avoir vaincus à Talavera de la Reine, et près de Saint-Etienne de Gormaz, avoir fait sur eux de grands ravages dans diverses autres expéditions, il fut abandonné par la fortune, et son armée, jointe à celle du roi de Navarre, essuya depuis une fatale déroute à la sanglante bataille qui fut livrée dans la vallée de Junquera, en 921. Il souilla la mémoire de son règne par la mort tyrannique qu'il fit souffrir aux comtes de Castille, comme on le verra dans le chapitre suivant.

CHAPITRE VI.

Chronologie des rois de Léon jusqu'à don Fernand 1ᵉʳ.

Dès le temps du roi don Alphonse le Chaste, la Castille était défendue des invasions des barbares par des gouverneurs ayant le titre de comtes, et dépendans des rois. Les premiers, connus d'une manière certaine pour avoir joui de cette dignité, furent don Rodrigue, son fils Diegue Porcellos, et Nugno Belchîdes, gendre de ce dernier et fondateur de la ville de Burgos. Ils eurent pour successeurs Nugno Rasura, aïeul du fameux comte Fernan-Gonzalez, et Gonzalo Bustos, ou Gustios, père des sept infans de Lara.

Ordogno II, prévenu par de faux rapports et par des soupçons mal fondés contre les comtes de Castille, dont le principal était le même Nugno Fernandès, qui avait aidé son gendre, le roi don Garcie, à dépouiller de la couronne don Alonze le Grand; Ordogno, dis-je, les fit venir en sa présence, sous prétexte de conférer d'affaires importantes, les fit saisir à l'improviste et les envoya à Léon, où on leur trancha inhumainement la tête. La Castille entière se souleva contre cette atrocité, et Ordogno se préparait à prendre les armes pour défendre son procédé inique, quand la mort l'atteignit lui-même.

Fruela II, l'an 923.
Son frère don Fruela, second du nom, s'empara violemment du trône auquel il ne pouvait prétendre, en 923, et s'y maintint quatorze mois, au bout desquels il mourut de la lèpre, sans laisser d'autre souvenir que celui de ses vices et de ses cruautés. Les Castillans refusèrent à ce roi l'obéissance, et déférèrent le gouvernement à deux nobles capitaines qu'ils revêtirent du titre de juges. Leur choix tomba sur Lain Calvo et sur Nugno Rasura, entre lesquels ils partagèrent l'autorité, attribuant au premier la partie militaire, et au second la politique et la magistrature. On ne sait pas avec certitude combien de temps dura en Castille cette espèce de gouvernement.

Alp. IV, dit le Moine. l'an 924.
Alphonse IV, fils d'Ordogno II, commença à régner en 924; mais, indifférent à l'excès, et négligeant les affaires de son royaume, il se fit moine et renonça à la couronne en faveur de son frère don Ra-

Ramire II.

mire II, au préjudice de son propre fils Ordogno. Don Ramire n'en jouit pas paisiblement, car le même Alphonse qui la lui avait cédée, quittant son monastère, prit les armes pour récupérer le trône que peu de temps auparavant il avait dédaigné. Ramire l'assiégea dans Léon, s'empara de cette capitale et le fit prisonnier; marcha ensuite contre les fils du roi don Fruela son oncle, qui aspiraient aussi à s'emparer de la monarchie, se saisit de leurs personnes, leur fit arracher les yeux ainsi qu'au roi don Alphonse le Moine, et les renferma ensemble dans un monastère. En même temps il eut à étouffer la rebellion de quelques vassaux qui voulaient ceindre la couronne à l'infant don Ordogno son neveu, qui n'étoit pas encore sorti de la minorité.

Ces factions éteintes, il entreprit la guerre contre les Mores, leur enleva la ville de Madrid et la fit raser.

Le noble et Valeureux Fernan-Gonzalez, était alors comte de Castille: pour repousser les hostilités des Sarrazins, il implora le secours de don Ramire. Ce monarque lui accorda sa demande, et les troupes réunies de Léon et de Castille, firent essuyer à l'ennemi une déroute complette près d'Osma, et soumirent le roi More de Saragosse à payer tribut. Celui-ci, pour s'en affranchir, eut recours à l'alliance du roi de Cordoue, et tous deux entrèrent de nouveau en Castille à la tête d'une armée formidable. Don Ramire leur présenta le combat près de Simancas, mit en fuite les barbares et fit d'eux un carnage incroyable; le roi More de Saragosse, y fut fait prisonnier, et le comte Fernan-Gonzalez, poursuivant les vaincus dans leur retraite, acheva de les détruire au point qu'à peine en resta-t-il pour porter à Cordoue la nouvelle de ce désastre.

Don Ramire, bientôt après, maria son fils l'infant don Ordogno, à dona Urraca, fille du comte; et après des triomphes multipliés, remportés contre toutes les forces des Mores, il mourut à Léon, et fut enterré dans le monastère de Saint-Sauveur, qu'il avait fondé.

<small>Don Ordogno III, l'an 950.</small> Don Ordogno III succéda à son père don Ramire, en 950; mais la couronne lui fut disputée par son frère cadet, don Sancho le Gros, aidé par son oncle don Garcie Sanchez, roi de Navarre, et par le comte Fernan-Gonzalez. Don Ordogno leur résista courageusement quand ils l'assiégèrent dans Léon, et pour se venger de l'injure

qu'il recevait de son beau-père le comte de Castille, il fit divorce avec dona Urraca, et épousa une dame nommée doua Elvire, dont il eut don Bermudo, qui depuis monta sur le trône de Léon. Le roi pacifia ensuite un soulèvement en Galice, et s'étant enfin réconcilié avec Fernan-Gonzalez, il lui envoya un secours de troupes pour attaquer les Mores. Le comte remporta en effet sur eux une victoire mémorable, près de Saint-Etienne de Gormaz ; don Ordogno, en recevant cette heureuse nouvelle, mourut à Zamora en 955.

Son frère don Sancho, dit *le Gros*, saisit cette occasion de s'emparer du royaume ; et quoique le comte Fernan-Gonzalez et les grands de Léon, des Asturies et de Galice, conspirassent pour lui enlever la couronne et en revêtir don Ordogno, dit *le Mauvais*, fils de don Alphonse le Moine, don Sancho sut leur résister et conserver la souveraineté, à l'aide du roi More de Cordoue.

<small>Don Sancho *le Gros*, l'an 955.</small>

Par l'effet de cette alliance des rois de Léon et de Cordoue, le comte de Castille se vit obligé de soutenir, avec ses seules forces, tout le poids de celles des infidèles fort supérieurs en nombre ; mais protégé par le ciel, il remporta sur eux une victoire signalée après un combat opiniâtre à Piedra-Hita, et poussa cet avantage en immolant un grand nombre d'ennemis.

Les historiens sont d'accord que, sous le règne de don Sancho, Fernan-Gonzalez affranchit la Castille de la sujétion et du vasselage qu'elle reconnaissait envers la couronne de Léon; mais les motifs de ce grand changement ne sont pas connus, car ceux que rapportent certaines chroniques paraissent bien frivoles.

Don Sancho mourut empoisonné par un certain comte, nommé don Gonsalo, qui avait protégé en Portugal des brigands galiciens soulevés contre ce souverain.

Don Ramire III, 967. Son fils don Ramire III, lui succéda en 967, et tandis que la couronne lui était disputée par don Bermudo II, surnommé *le Goutteux*, fils d'Ordogno III, les Mores profitant de l'occasion, attaquèrent les chrétiens avec tant de succès qu'ils leur enlevèrent les plus fortes places de Castille, de Léon et de Navarre.

Don Bermudo II, le Goutteux, 982. Don Ramire étant mort en 982, don Bermudo le Goutteux, précédemment déclaré roi de Galice, monta sur le trône. Il ne fut pas, dans le principe, plus heureux que son prédécesseur, et se vit enlever beaucoup de ses sujets; mais dans la suite, aidé de l'alliance du comte de Castille Garcie-Fernandez, et soutenu par les troupes du roi de Navarre, il réussit à vaincre les Sarrazins dans une bataille mémorable livrée près d'Osma.

Don Bermudo laissa pour successeur, en 999, son fils don Alphonse v, dit *le Noble*, qui, trop jeune encore, ne put poursuivre les infidèles avec l'activité qu'exigeait l'état d'abattement critique où la monarchie était tombée. Don Alph. v, le Noble, 999.

Don Sancho le Grand, roi de Navarre; le comte de Castille Sancho Garcie et Raimond 1er, comte de Barcelone, furent les héros dont les armes mirent l'Espagne à l'abri de tant de dangers, et chassèrent les Sarrazins des territoires nombreux sur lesquels ils avaient étendu leur domination.

On ignore par quelles circonstances le roi don Alphonse v fut amené au point de commettre la bassesse extraordinaire de donner sa sœur dona Thérèse pour épouse à Abdala, roi More de Tolède. L'histoire donne les plus grands éloges à la fermeté héroïque avec laquelle l'infante résista aux caresses du monarque mahométan qui la rendit à don Alphonse, en accordant de justes louanges à cette vertueuse héroïne.

Don Bermudo III, 1028.

A don Alphonse v, qui mourut d'un coup de flèche au siége de Visco, ville de Portugal, succéda son fils Bermudo III, en 1028. Ce prince ne laissa point de postérité; et à partir de l'an 1037, l'une des époques les plus glorieuses de l'histoire d'Espagne commença la série des rois de Castille et Léon, dont le premier fut don Fernand 1er, surnommé *le Grand*, avec justice.

CHAPITRE VII.

Chronologie des rois de Castille et Léon, jusqu'à l'empereur don Alphonse VI.

Dona Sancha, sœur de don Bermudo, et par conséquent héritière du royaume de Léon, était mariée avec don Fernand, second fils du roi de Navarre, don Sancho le Mayor. Ce monarque qui, par sa femme, dona Mayor, sœur du comte de Castille, don Garcie, avait hérité des états de Castille, divisa entre ses quatre fils les terres qui composaient son empire. A Garcie l'aîné il donna la Navarre; à don Fernand, la Castille, en l'érigeant en royaume ; à don Gonzalo, la couronne de Sobrarbe et de Ribagozza, enfin à don Ramire celle d'Aragon. Cette répartition fut la source de cruelles guerres entre les frères ; l'Aragon s'arma contre la Navarre et Léon contre la Castille. Don Bermudo livra bataille à son beau-frère Fernand, près de Carrion, et la perdit avec la vie.

Don Fernand 1er réunit alors, en sa personne, les royaumes de Castille et de Léon, et par sa piété, sa valeur et sa prudence, donna une existence nouvelle à la monarchie espagnole. Don Fern.1^r, dit le Grand, 1037.

Pendant vingt-huit ans que dura son règne, il ne perdit pas une occasion d'abattre la puissance des Arabes, soit en Galice, soit dans les Deux-Castilles, soit en Estremadure, soit enfin en Portugal ; il rendit les rois Mores de Séville, de Tolède, et de Saragosse, ses tributaires, et mérita le nom d'empereur qu'ils lui donnèrent en raison de l'empire puissant qu'il vint à bout de former de tant de royaumes, acquis par héritage ou par conquête.

La discorde se mit ensuite entre don Fernand et son frère don Garcie, roi de Navarre, qui, se fondant sur ce qu'il était l'aîné, prétendait avoir droit à la réparation du tort que lui avait fait son père par la division de ses États, et à ce que le roi de Castille lui restituât divers pays. Son orgueil s'accrut encore par la victoire qu'il avait remportée sur son frère don Ramire, roi d'Aragon, qu'il força à fuir de son royaume; et la mésintelligence en vint au point que les deux frères, Fernand et Garcie coururent aux armes. Les deux armées étant en présence, au pied des montagnes d'Oca, un gouverneur du roi de Navarre, et un saint abbé, employèrent inutilement, près de lui, leurs exhortations pour une réconciliation à laquelle le roi de Castille se montrait disposé. Le combat s'engagea, et don Garcie y perdant la vie, laissa la victoire à don Fernand. Le pieux vainqueur pleura la mort de son frère imprudent, et eut la générosité de ne point s'emparer du trône de Navarre, comme il pouvait le faire avec facilité; il y assit au contraire don Sancho, fils et héritier de l'infortuné don Garcie.

Le titre d'empereur qu'avait obtenu don Fernand, excita quelques plaintes de la part de Henri II, empereur d'Allemagne, qui, protégé dans un concile de Florence, par le pape allemand Victor II, prétendait à faire déclarer le roi de Castille et de Léon feudataire de l'empire. Ce fut alors que le valeureux et célèbre chevalier Rodrigue, ou Rui Diaz de Vivar, surnommé depuis *le Cid Batailleur*, qui se rendit si grand par ses exploits, conseilla à don Fernand de ne reconnaître en aucune manière la suprématie de l'empereur d'Allemagne; et entra en France avec une armée de dix mille hommes, déterminé à défendre par les armes l'indépendance souveraine de son roi. Après quelques conférences tenues à Toulouse, il fut décidé et conclu que les royaumes d'Espagne étaient et devaient demeurer exempts de toute dépendance envers l'empire romain d'Allemagne.

Les Mores de Tolède, et ceux de quelques autres contrées, essayèrent de secouer le joug des Castillans; et comme le trésor public, se trouvant alors épuisé, ne permettait pas d'entreprendre contr'eux une nouvelle campagne, la reine dona Sancha fit, avec une libéralité héroïque, le sacrifice de tous ses joyaux. Avec ce secours le roi rassembla son armée, et portant au milieu des Sarrazins la terreur et la mort, il les réduisit à payer les tributs accoutumés, et s'avança jusques en Catalogne et dans le royaume de Valence, d'où il revint chargé de dépouilles glorieuses.

Ses états ainsi pacifiés et étendus, il s'occupa avec zèle de promouvoir le culte divin, et mourut à Léon en 1065, d'une manière édifiante.

La tendresse avec laquelle il chérissait ses enfans, l'engagea, contre la raison d'Etat, à partager entr'eux l'héritage que les politiques lui conseillaient de laisser entier à son fils aîné Sancho; celui-ci fut donc roi de Castille, Alphonse, roi de Léon, et Garcie, roi de Galice et de Portugal; Urraca reçut la ville de Zamora, et Elvire celle de Toro : division qui depuis occasionna des débats sanglans et funestes.

Don Sancho le Fort. Don Sancho II, héritier de la Castille, surnommé *le Fort*, conçut de bonne heure l'ambitieux projet de réunir à sa couronne les territoires répartis entre ses frères ; mais avant qu'il eut commencé à exécuter cette entreprise, Sancho, roi de Navarre, et Ramire, roi d'Aragon, s'allièrent contre lui. Avec le secours de Rui Diaz, le roi de Castille leur opposa une résistance si vigoureuse, que le roi de Navarre fut obligé de se retirer, après la mort de son allié Ramire qui fut tué dans un combat.

Don Sancho le Fort passa ensuite en Galice, et dépouilla de ses Etats son second frère don Garcie, qui d'abord l'avait fait lui-même prisonnier dans une bataille où la victoire fut long-temps disputée, et qui, depuis, tombant entre ses mains, fut plongé dans une prison où il demeura jusqu'à sa mort arrivée sous le règne suivant. Don Sancho le Fort marcha presque aussitôt contre son frère Alphonse, et le dépouillant du royaume de Léon, l'obligea à chercher un asile dans la cour du roi More de Tolède. Son ambition n'étant pas encore satisfaite, il se détermina à se rendre aussi maître de Toro et de Zamora, domaines accordés à ses sœurs. Il conquit Toro avec facilité, mais il éprouva devant Zamora une vigoureuse résistance de la part des vassaux de dona Urraca. Le siége se continuait, lorsqu'un homme artificieux, appelé Vellido Dolfos, sortit de Zamora sous l'apparence d'un déserteur, et offrit à don Sancho de lui découvrir une fausse porte par où l'on pourrait donner l'assaut avec succès. Le roi le crut trop légérement, et tomba sous les coups du traître par lequel il s'était laissé conduire, pour reconnaître l'endroit par où il avait supposé qu'il était facile de s'emparer de la place.

Les Castillans levèrent le siége; et le roi de Léon, don Alphonse, recevant à Tolède la nouvelle de la mort de son frère, partit

Alp. VI, le Brave 1072.

pour Zamora, où il fut accueilli de tout le monde, et sur tout par sa sœur Urraca. On le proclama dans Burgos, roi de Castille, de Léon et de la Galice. Par la suite il prit le titre d'empereur, et fut surnommé *le Brave*, à cause de son caractère guerrier, qualité à laquelle il réunissait, entr'autres, celle d'être très-libéral.

Avant qu'Alphonse VI ne ceignît la couronne en 1072, le Cid l'obligea à faire en public, et avec solemnité, le serment de n'avoir point eu part à l'assasinat du roi don Sancho. Alphonse fut offensé qu'un vassal le soumît à une semblable cérémonie; et l'influence de quelques courtisans jaloux de la réputation que le Cid s'était acquise par sa valeur indomptée, aigrissant ce ressentiment, ce célèbre capitaine perdit la faveur de son souverain et tarda long-temps à la recouvrer; il ne lui resta pas pour cela moins fidèle, et continua de servir, avec la même loyauté, de son bras invincible, la terreur des Mores, en Andalousie, dans les Deux-Castilles, en Arragon et dans le royaume de Valence. Les prouesses de ce grand homme, célébrées en vers et en prose, retentissent dans toutes les bouches, et quoique des fables sans nombre les aient défigurées,

gurées, elles furent réellement au-dessus de tout éloge.

Alphonse, reconnaissant des faveurs qu'il avait reçues d'Almenon, roi de Tolède, lorsqu'il était réfugié dans sa cour, lui fournit des secours contre le roi de Cordoue; et, pour ne point manquer à la gratitude qu'il lui devait, il suspendit la conquête de Tolède jusqu'après la mort d'Almenon et de son fils. Alors il mit le siége devant cette capitale et la prit, en 1085, avec le secours du Cid, après des combats et des assauts, multipliés avec ténacité, pendant la durée de ce long siége. Cette capitale soumise, il poursuivit ses conquêtes et s'empara de places importantes des environs et de la juridiction de Tolède, en assez grand nombre pour en former une province nouvelle sous le nom de *Castille nouvelle*.

Il fit de Tolède un archevêché, et le déclara primat des églises d'Espagne; peu de temps après il abolit l'usage de l'office divin gothique et lui substitua le romain, qui, de l'église de Tolède, s'étendit à toutes celles d'Espagne.

Don Alphonse s'occupa à rebatir et à peupler Salamanque, Avila, Ségovie, Osma et d'autres villes; politique supérieure qui fit le plus grand éclat de son règne: combien, en effet, un village peuplé n'est-il pas plus important pour l'avantage d'un royaume et pour le bien de l'humanité, qu'une province conquise en la ravageant!

Ce monarque éprouva assez de disgraces, et quelques-unes par sa faute. Il avait épousé, en troisièmes noces, Zaïde, fille de Benabet, roi more de Séville, qui, depuis sa conversion avait pris le nom d'Isabelle. Alphonse, séduit par les instances de son beau-frère et de son épouse, écrivit à Tufin, ou Texufin, roi des Mores Almorabites en Afrique, de passer en Espagne avec des troupes. Benabet aspirait à se rendre maître, avec ce secours, de tous les royaumes que les Sarrazins possédaient en Espagne; et de son côté, le roi de Castille se flattait de secouer le joug arabe, en unissant ses forces à celles de Benabet et de Texufin. Tous deux se trompèrent: Texufin ayant envoyé son général Hali, avec une puissante armée d'Almorabites, celui-ci, au lieu de s'unir à Benabet, tourna ses armes contre lui, le vainquit, le fit périr dans un combat et s'empara du royaume de Séville. Une foule de Mores accoururent se ranger sous les bannières de Hali, qui prit le titre de *Miramolin*, ou prince souverain des mahométans d'Espagne, et entra dans le royaume de

Tolède, en mettant tout à feu et à sang.

Don Alphonse connut alors la faute grave qu'il avait commise et, pour la réparer, il marcha contre les barbares; mais il perdit deux batailles. Une troisième fois il marcha contre Hali, et vint à bout de le forcer à se renfermer dans Cordoue, et à se soumettre à payer d'abord une somme considérable et ensuite un tribut annuel à la Castille.

Tufin, à la tête d'une nouvelle armée d'Almorabites, passa en Espagne, déterminé à réprimer l'insolence du rebelle Hali, et à poursuivre en même temps les chrétiens. Il eut d'abord de grands succès, conquit Séville et Cordoue, fit Hali prisonnier et lui fit trancher la tête. Mais l'empereur Alphonse, ayant rassemblé ses forces, repoussa les Mores de la Castille, et Texufin repassa en Afrique.

Dans le même temps Don Sancho, roi d'Arragon, tenait le roi More de Huesca assiégé dans sa capitale ; Alphonse, apparemment jaloux des conquêtes glorieuses du roi d'Arragon, eut la faiblesse d'envoyer des troupes au secours de celui de Huesca, et la honte de les voir repoussées avec perte. Don Sancho ayant été tué d'un coup de flèche, son fils, le roi don Pédro, remporta sur les infidèles une victoire complette et mémorable, dans la plaine d'Alcoraz.

Tufin étant mort, eut pour successeur un roi, nommé Hali, qui passa en Espagne avec une armée formidable, et pénétra jusqu'à Tolède, en faisant un horrible carnage, n'épargnant ni les femmes ni les enfans, ravageant les campagnes et saccageant les cités. Au milieu de la consternation générale, l'empereur don Alphonse rassembla de nouvelles troupes ; trop vieux et trop infirme pour se mettre à leur tête, il en confia le commandement à son fils, l'infant don Sancho, quoiqu'il fût dans un âge encore tendre. Ce chef était aidé de l'expérience de sept comtes, parmi lesquels on distinguait sur-tout le vaillant don Garcie, comte de Cabra. La bataille s'engagea avec fureur près d'Ucles, et la victoire se décidant pour les ennemis, qui étaient en grand nombre, l'infant y périt malgré les efforts héroïques de don Garcie pour le défendre.

Après la perte de cette bataille, dite *des sept comtes*, don Alphonse, plongé dans la douleur la plus vive par la perte de son fils unique, conserva son énergie; il rassembla de nouveaux soldats et marchant à leur tête, malgré ses vieux ans, il tomba sur les Mores et les rechassa d'abord jusqu'à Cordoue, ensuite jusqu'à Séville, leur enlevant de riches dépouilles et de nombreux prisonniers. Il attaqua bientôt les Mores de Saragosse ; mais sa santé s'affaiblissant, il fut forcé de se retirer à Tolède, laissant le commandement à ses généraux, qui continuèrent la guerre et s'emparèrent de Cuença et d'Ocagna.

Le Cid Rui Diaz, après avoir conquis Valence, mourut en 1099, et l'empereur don Alphonse termina sa carrière en 1108, laissant la couronne à sa fille dona Urraca.

CHAPITRE VIII.

Suite des rois de Castille et de Léon, jusqu'à don Fernand III, le Saint.

Avant d'entrer dans le détail des événemens du règne de dona Urraca, la clarté de notre narration exige une courte explication des mariages et des successeurs de don Alphonse VI. Sa première épouse fut dona Inès ; la seconde, dona Costanza, mère de la reine dona Urraca ; la troisième, dona Berthe, qui, dit-on, était Toscane ; {Dona Urraca, 1109.}

la quatrième, Zaïde, fille du roi more de Séville, et mère de l'infant don Sancho qui mourut dans la bataille des sept comtes; la cinquième, dona Isabelle de France, et la sixième, dona Beatrix.

D'une autre noble dame, nommée Chimène, qui, suivant les uns, fut épouse légitime, et selon d'autres, maîtresse de l'empereur, il eut une fille, nommée dona Thérèse, qui épousa, en 1095, Henri de Bourgogne, et lui porta en dot le comté de Portugal. De ce Henri et de dona Thérèse, issut don Alphonse qui, comme nous le verrons, se fit roi de cet Etat.

Dona Urraca avait eu de son premier mari, le comte Raimond de Bourgogne, un fils qui depuis fut l'empereur Alphonse VII; et elle était mariée en secondes noces à Alphonse Ier, roi d'Arragon et de Navarre, surnommé *le Batailleur*. Depuis l'année 1109, où dona Urraca commença à régner, l'Etat fut en proie à des troubles continuels. Il semblait que cette époque, par la réunion des couronnes d'Arragon, de Castille, de Navarre, de Léon et de Galice, dût être celle de l'établissement d'un empire puissant et paisible qui assurât le bonheur de l'Espagne : il en arriva tout autrement. Le peu de réserve de dona Urraca excita le ressentiment de son mari, et la division des époux partagea aussi le royaume en factions. Le roi enferma sa femme dans un château, divorçant publiquement, sous prétexte que le mariage était nul en raison de leur parenté. Les Castillans et les Arragonais se détruisirent mutuellement par une funeste guerre, et les Galiciens proclamèrent roi l'infant don Alphonse, soutenus par nombre de seigneurs castillans et léonais. Enfin, après de longues dissentions et de sanglans combats, le roi d'Arragon céda, et déclara Roi de Castille son beau-fils don Alphonse, qui épousa dona Berenguele, fille du comte de Barcelone.

Aux divisions entre le roi d'Arragon et dona Urraca, succédèrent de nouveaux troubles entre elle et son fils don Alphonse, qui se disputaient la couronne. Plusieurs fois ils se réconcilièrent, mais jamais d'une manière stable, jusque peu avant la mort de la reine. Don Alp. VII surnommé par excellence, l'Empereur.

Enfin les princes chrétiens tournèrent leurs armes contre les Mores. Alphonse d'Arragon remporta sur eux de fréquentes victoires qui lui acquirent, à juste titre, le surnom de *Batailleur*, et Alphonse de Castille détruisant leurs royaumes de Séville et de Cordoue, recula les bornes de son empire jusqu'à la Sierra Morena. Après la mort de sa mère dona Urraca, il continua, avec plus de vigueur encore, la guerre contre les Sarrazins, leur enleva une quantité innombrable de villes et de châteaux, et porta ses armes victorieuses jusqu'à Almeria, port de la côte de Grenade, dont il s'empara.

Un des événemens les plus mémorables du règne d'Alphonse l'Empereur, fut la révolution qui arriva en Portugal. Alphonse, fils de don Henri et de dona Thérèse, possesseurs de ce comté, fut proclamé par ses troupes roi de Portugal en 1159; et ayant vaincu cinq rois mores, il prit pour armoiries cinq petits écussons que nous appelons aujourd'hui *quines*, en mémoire des cinq étendards royaux qu'il prit dans cette bataille. Telle est l'origine des rois de Portugal, qui dès-lors commencèrent à former un gouvernement indépendant de la Castille.

Le vaillant et pieux empereur don Alphonse aurait certainement chassé les Sarrazins d'Espagne, si des différens avec les rois d'Arragon et de Navarre ne l'eussent fréquemment occupé de guerres particulières dont les événemens divers et compliqués méritent une narration séparée, incompatible avec la briéveté de cet abrégé.

Ce grand prince mourut en 1157, laissant les royaumes de Castille à son fils aîné Sancho III, surnommé *le Desiré*, et ceux de Léon et Galice à Fernand son second fils, qui fut le second roi de Léon de ce nom. Don Sancho III, le Desiré. Don Fernand II, de Léon.

De cette division résultèrent des discordes funestes entre les monarques chrétiens, et les infidèles en profitèrent pour réparer les pertes qui les avaient mis sur le penchant de leur ruine. D'autre part, don Sancho, roi de Navarre, tourna aussi ses armes contre les rois de Castille et de Léon; mais ceux-ci remportèrent l'avantage dans deux batailles.

Don Sancho III de Castille ne régna guères plus d'un an, et de son temps fut institué l'ordre militaire de Calatrava. Celui de Saint-Jacques, non moins illustre, existait déja depuis long-temps, si l'on en croit quelques auteurs; mais d'autres, avec plus de vraisemblance, le croient un peu postérieur à celui de Calatrava. Ce qu'il y a de certain, c'est que son institution ne fut approuvée qu'en 1175. De celui de Calatrava est dérivé, comme par filiation,

C *

celui d'Alcantara; et ces trois ordres, suivant leur louable institut, se distinguèrent à l'envi au service du christianisme contre les Mores, dans ce siècle et dans les suivans; exemple qui fut imité depuis par l'ordre de Montesa (Notre-Dame) fondé par don Jaime II, d'Arragon, en 1317.

Don Alphonse VIII de Castille Don Sancho le Desiré laissa à sa mort son fils Alphonse, qui depuis fut roi de Castille, huitième de ce nom, âgé seulement de trois ou quatre ans. Plusieurs grands du royaume, et particulièrement les deux maisons de Castro et de Lara, se disputèrent les rênes du gouvernement pendant la minorité d'Alphonse; et son oncle, le roi don Fernand II de Léon, au milieu de ces troubles, s'empara des principales villes de Castille, ou comme gouverneur des royaumes de son neveu, ou comme fils de l'empereur Alphonse VII. D'autre part, don Sancho, roi de Navarre, se rendit maître de Logrogno et d'autres cantons de la Rioja; le feu de la discorde semblait n'en être que plus ardent dans toutes les parties de la Castille.

A la fin quelques vassaux fidèles du roi don Alphonse VIII, et particulièrement les seigneurs d'Avila qui, dès sa tendre enfance, l'avaient élevé et défendu dans cette même ville, le proclamèrent souverain avant qu'il eût atteint sa onzième année. Ils le présentèrent aux peuples de Castille, qui le reçurent avec fidélité et avec joie; les aimables qualités du nouveau roi lui concilièrent tous les cœurs, au point que par sa clémence et sa générosité, il fut appelé *le bon et le noble*.

Alphonse entré dans sa majorité, et déja maître de Tolède et autres villes de Castille, courut à la vengeance des injures qu'il avait reçues des rois de Navarre et de Léon. Il marcha avec son armée à la Rioja; et après avoir puni les Navarrois, il tourna contre Léon, ravageant les campagnes, brûlant et pillant les villes du roi son oncle. Peu après il recouvra Cuença, qui était au pouvoir des Mores, et pour éviter une nouvelle guerre avec le roi d'Arragon, il eut la prudence de lui remettre les château et pays d'Ariza.

Presque dans le même temps, don Fernand de Léon ayant rebâti Rodrigue-Ville, ce motif fit prendre les armes à son beau-père don Alphonse, roi de Portugal. Don Fernand le vainquit dans une bataille, et le laissa prendre sa revanche par l'attaque de Badajoz, ville more, mais à la dévotion de don Fernand. Bientôt cependant il marcha de nouveau contre lui, et le vainquant une seconde fois, il le fit prisonnier; mais il le traita avec la plus grande humanité, le fit guérir des blessures qu'il avait reçues dans l'action, et le mit en liberté, sans exiger du vaincu autre chose que la restitution de quelques villages qu'il lui avait pris en Galice. Non content de ce procédé héroïque, il le secourut depuis, lorsque les Mores l'assiégèrent dans Santaren, et mit les infidèles en déroute : générosité d'autant plus admirable, que ce monarque portugais était le même qui s'était révolté contre le père de don Fernand. Le roi de Léon mourut en 1188, et sa couronne passa à son fils don Alphonse IX.

Don Alphonse IX, de Léon. Quelques années s'étant écoulées, le roi de Castille, don Alphonse VIII, s'avança pour arrêter le choc violent d'une armée formidable de Mores qui menaçaient le royaume de Tolède. Les Castillans ne voulurent point attendre l'arrivée des troupes auxiliaires de Léon et de Navarre, afin de remporter seuls la gloire et les avantages du triomphe ; mais ils payèrent bientôt leur imprudente intrépidité. La bataille s'engageant près d'Alarcos, ils furent entièrement défaits par les forces supérieures des Arabes, qui se répandirent comme un torrent sur le royaume de Tolède, et y commirent d'affreux dégâts. Beaucoup de personnes attribuèrent alors cette fatale déroute à un châtiment particulier du ciel, irrité de la passion illicite du roi pour une belle Juive à laquelle il s'était scandaleusement livré : et divers grands du royaume, dans leur pieuse indignation, se portèrent à l'assassiner dans l'intérieur même du palais (1). Au coup dont le roi venait d'être frappé, succédèrent de nouvelles irruptions des infidèles en Castille, la famine, la peste, et les hostilités que commirent dans ses Etats les rois de Léon et de Navarre. Supérieur à ses disgraces, Alphonse VIII reprit son énergie, et déployant autant de valeur dans la défense de la patrie que de prudence dans les soins du gou-

---

(1) On a dû remarquer déja plusieurs traits du mélange de grandeur, de courage, de générosité, de faiblesse, de superstition et de barbarie qui caractérise la nation espagnole. De graves auteurs, les grands d'un royaume, ont pensé qu'un Dieu juste punissait la faute d'un roi sur des milliers de victimes innocentes, et l'écrivain du dix-huitième siècle ne relève point ces erreurs.

vernement, il effaça les taches que sa réputation avait souffertes par ses égaremens passés et par la déroute d'Alarcos.

La trêve de dix ans, qu'il avait été obligé de conclure avec les Mores, était à peine expirée, qu'il résolut de diriger ses armes contre eux avec vigueur; dans ce dessein, il traita d'une alliance avec les rois don Alphonse de Léon, don Pèdre d'Arragon et don Sancho de Navarre. Ces princes se réunirent; leur zèle fut échauffé par les pieuses observations et l'activité efficace de l'archevêque de Tolède, don Rodrigue Ximenès de Rada, prélat d'une vertu, d'un zèle, d'une prudence et d'une sagesse rares, et auteur d'une Chronique d'Espagne estimée.

Outre les troupes d'Arragon et de Navarre, commandées par leurs rois, les forces envoyées par ceux de Léon et de Portugal s'incorporèrent dans l'armée castillane; il vint même de France et d'autres pays étrangers un grand nombre de chevaliers suivis de leurs gens à pied et à cheval; mais la majeure partie d'entre eux se retira avant la bataille. Elle fut livrée contre toutes les forces des Mores, dans la plaine de Tolosa, au pied de la Sierra-Morena, le 16 juillet 1212. On y combattit avec une valeur sans égale, et la victoire se déclara pour les chrétiens. En mémoire de cet heureux événement, l'Eglise d'Espagne célèbre tous les ans à pareil jour une fête, appelée le *Triomphe de la Croix*.

Le roi de Navarre rompit les chaînes qui défendaient le camp du Miramolin des Arabes, et en mémoire de cette action, il prit des chaînes dans l'écusson de ses armes. Le nombre de combattans, fut, de part et d'autre, le plus considérable qui se fût jamais rassemblé en Espagne. Cent mille Sarrazins périrent dans le combat, et on leur fit soixante-dix mille prisonniers ; si l'on en croit même quelques auteurs, le nombre des uns et des autres fut encore plus considérable. Mais ce qui cause le plus d'admiration, et serait incroyable s'il n'était attesté par le même archevêque don Rodrigue présent à la bataille, c'est que les chrétiens ne perdirent que vingt-cinq hommes (1). Ils s'emparèrent d'Ubéda et d'autres places importantes ; et deux ans après avoir abaissé par un triomphe si mémorable l'orgueil mahométan, le roi de Castille,

---

(1) Voilà pourtant comme on écrit l'histoire !

don Alphonse VIII mourut, laissant un nom immortalisé par ses exploits guerriers.

<small>Don Henrique, 1ᵉʳ de Castille.</small> Il eut pour successeur son fils don Henrique 1ᵉʳ, alors seulement âgé de onze ans, et qui n'en régna que trois, étant mort de la blessure qu'il reçut à la tête par la chute d'une tuile. La tutelle de don Henrique et le gouvernement du royaume furent dévolus à sa sœur dona Berenguele qui s'acquitta de cette double charge avec succès et prudence, et cependant les céda depuis aux comtes de Lara, maison puissante dans ce temps-là.

<small>Don Fernand III le Saint.</small> Dona Berenguele fit divorce avec le roi don Alphonse de Léon, en raison, ou sous prétexte de la proche parenté; elle avait eu de lui plusieurs enfans, entr'autres l'infant don Fernand. Cette reine allaita son fils et l'éleva avec un soin extrême, lui prêchant de bonne heure les plus saines maximes de politique et de christianisme. Renonçant en sa faveur au trône qui lui appartenait de droit, elle le fit proclamer roi de Castille, en 1217, malgré l'opposition de son père don Alphonse et du comte de Lara, Alvaro Nugnes.

Le roi don Fernand III, animé du zèle religieux et guerrier qu'il avait puisé à l'école de son héroïque mère, commença à se signaler dans la guerre contre les infidèles.

Dans ces entrefaites, don Jaime 1er d'Arragon conquit le royaume de Valence, et, par les nombreuses victoires qu'il remporta sur les Mores, obtint le surnom de *Conquérant*.

Le roi de Léon don Alphonse IX, après avoir conquis Badajoz, Mérida et presque toute l'Estramadure, mourut en 1230; et quoique par son testament il laissât les royaumes de Léon et de Galice à deux infantes, filles de son premier mariage, au préjudice de son fils don Fernand pour lequel il n'avait jamais eu d'affection, celui-ci se rendit dans la ville de Toro et les Léonais le reconnurent pour leur légitime souverain. Graces au droit dont il était revêtu, aux moyens prudens et pacifiques qu'il employa, de concert avec sa mère dona Berenguele, il réunit heureusement les deux couronnes de Castille et Léon, qui depuis ne se sont plus séparées.

Don Fernand rendit son règne mémorable par les vertus éminentes qui, après lui avoir fait donner le surnom de *Saint*, lui méritèrent d'être révéré comme tel sur les autels. Il jeta les premiers fondemens de la somptueuse métropole de Tolède, avec l'aide de l'archevêque don Rodrigue, et laissa beaucoup d'autres monumens de son insigne piété.

Ceux de sa valeur ne furent ni moins multipliés, ni moins éclatans. La conquête d'Ubéda, celle du royaume de Cordoue, la reddition volontaire de Murcie, son entrée dans le royaume de Jaen : l'assujétissement du roi more de Bacra au vasselage, le tribut qu'il imposa au roi de Grenade, et enfin le célèbre siége de Séville et la glorieuse conquête de cette capitale et de ses dépendances, assurèrent à saint Fernand l'admiration et l'éternelle reconnaissance des Espagnols, qui jamais n'ont obéi à un prince plus vertueux, plus courageux et plus bienfaisant.

La France était alors gouvernée par saint Louis, cousin de saint Fernand, comme étant fils de Blanche, sœur cadette de dona Berenguele; de sorte que deux grandes reines donnèrent alors à deux grands Etats deux monarques également saints.

Saint Fernand méditait de passer avec ses armes triomphantes en Afrique, dans le dessein de détruire l'empire de Maroc, lorsque Dieu disposa de sa vie, et l'appela à lui en 1252. On croit que ce fut cet illustre souverain qui fonda le conseil de Castille, y établissant douze magistrats, et leur confiant le soin important et difficile de rédiger le code des lois royales, appelées *les Sept Parties*. Cet ouvrage précieux ne fut cependant pas achevé, et ne reçut sa perfection qu'au règne d'Alphonse le Sage.

Il transféra à Salamanque l'université que son aïeul don Alphonse VIII avait établie à Palence, en y attirant d'Italie et de France les plus habiles littérateurs par de libérales récompenses; et il incorpora cette école avec celle que le roi de Léon, don Alphonse IX avait fondée dans la même ville de Salamanque.

Saint Fernand laissa dix enfans de deux mariages; l'aîné, don Alphonse X, surnommé depuis *le Sage*, monta sur le trône de Castille et de Léon. *Don Alphonse X, dit le Sage.*

CHAPITRE IX.

Suite des rois de Castille et Léon jusqu'à don Alphonse, onzième du nom.

Don Alphonse x mérita le surnom de *Sage*, par la protection signalée qu'il accorda aux sciences, et par ses connaissances personnelles. Les tables astronomiques qui portent le nom d'*Alphonsines*, parce qu'il les dressa avec les meilleurs astronomes de ce siècle, et une Chronique générale d'Espagne, à la composition de laquelle il eut beaucoup de part, s'il n'en fut pas le seul auteur, sont des preuves convaincantes de son application studieuse. Mais ce qui a rendu ses talens le plus célèbres, c'est la continuation et la conclusion de l'ouvrage des Sept Parties dont la compilation avait été commencée sous le règne de son père saint Fernand; livre précieux et du nombre de ceux qui immortalisent une nation. La langue castillane eut à ce prince de grandes obligations; outre qu'il l'enrichit de sa plume, il ordonna qu'il en serait fait usage dans tous les priviléges et décrets royaux, comme dans tous les actes publics qui précédemment s'écrivaient en latin. Il fit aussi traduire en castillan les livres sacrés.

Il dut son élection à l'empire d'Allemagne, non moins à la haute idée que les électeurs avaient de son mérite, qu'à son titre de neveu de l'empereur Philippe, beau-père de saint Fernand. Mais craignant d'abandonner les royaumes d'Espagne dans lesquels les soulèvemens des Mores, et ceux de beaucoup de magnats et d'hommes riches occasionnaient des troubles dangereux, il ne put arriver à temps pour prendre possession du trône impérial, et les efforts qu'il fit depuis, pour conserver son droit, furent inutiles.

Si du vivant de son père, le roi don Fernand, il avait donné des preuves de valeur et de conduite militaire, particulièrement pendant le siége et la conquête de Séville, il ne se signala pas moins lorsqu'il fut sur le trône ; il enleva aux Mores, non-seulement les villes de Xerès de la frontière, de Medina Sidonia et San-Lucar, avec d'autres cantons de l'Andalousie qui étaient retombés au pouvoir des infidèles, mais encore le royaume des Algarves dont il céda une partie en dot à sa fille, dona Beatrix, qui épousa don Alphonse III de Portugal. Il réprima les Mores rebelles de Grenade, et dans cet intervalle le roi d'Arragon don Jaime le Conquérant, son beau-père et son allié, lui remit la ville et le royaume de Murcie, qu'il venait d'enlever aux Sarrazins; ainsi furent réunis à la couronne de Castille ces états dont le prince Hudiel avait violé la foi et hommage volontairement prêtés au roi saint Fernand.

Le roi don Alphonse le Sage fut naturellement splendide et généreux ; il en donna une preuve peu commune lorsque sa cousine Marthe, impératrice de Constantinople, lui ayant fait demander le tiers d'une somme dont elle avait besoin pour le rachat de son époux Baudouin, prisonnier du roi d'Egypte, il donna la somme entière; libéralité que beaucoup de personnes blâmèrent alors comme excessive.

Malgré toute sa sagesse, sa valeur et ses autres qualités brillantes, don Alphonse fut bien loin d'être heureux. Outre que ses vassaux se montrèrent en diverses occasions mal-intentionnés envers lui, et crurent avoir des motifs pour se soulever et le harceler; son propre fils, don Sancho, surnommé *le Brave*, appuyé par un grand nombre de nobles mécontens, se fit proclamer souverain, et alluma une guerre civile funeste, pour laquelle le roi de Grenade lui fournit des secours. Cette tempête à peine appaisée, moins par les armes que par des négociations et des accommodemens, don Alphonse eut la douleur de voir passer en Espagne une armée nombreuse d'Arabes qui, confédérés avec ceux de l'intérieur, ravagèrent les campagnes de l'Andalousie, et sortirent victorieux des chrétiens dans deux combats.

Alors mourut l'infant don Sancho, appelé de la Cerda (du poil) parce qu'il était né avec une soie ou poil très-long sur les épaules. Il était l'aîné de don Sancho le Brave; celui-ci fit de nouveau éclater ses prétentions à la couronne, que déja il croyait lui appartenir quoique don Sancho de la Cerda eût laissé deux enfans. Les Cortès s'assemblèrent à Ségovie et le roi don Alphonse se vit forcé à nommer don Sancho pour son successeur, achetant à ce prix la tranquillité du royaume.

Le nouvel héritier, non content de l'espoir de régner, desirait monter sur le trône du vivant de son père. Dans ce dessein, il sut capter par des récompenses les suffrages des principaux seigneurs, et en leur nom, une sentence, publiquement prononcée, déclara le roi don Alphonse déchu du trône.

Frappé de ce revers de fortune sensible et extraordinaire, abandonné de tout le monde, excepté de la ville de Séville qui lui resta fidelle; ce monarque se trouva réduit à l'abaissement extrême d'implorer le secours de son propre ennemi, le roi de Maroc, auquel il emprunta de l'argent, en lui envoyant pour gage sa couronne royale qui était d'une grande valeur. Le roi de Maroc passa en Espagne et assiégea don Sancho dans Cordoue; mais il fut forcé de lever le siége et de se retirer après quelques dégâts dans les environs : ainsi don Alphonse ne retira aucun fruit de ce secours, et il ne lui resta d'autre ressource et d'autre vengeance que de lancer contre son fils rebelle sa malédiction.

Accablé par tant d'adversités, le roi don Alphonse mourut en 1284, instituant héritier, par son testament, son petit-fils Alphonse de la Cerda.

Don Sancho IV, dit le Brave. Nonobstant cette disposition, et au milieu de la diversité des opinions sur le droit de succession légitime à la couronne, le parti qui prévalut fut encore celui de don Sancho, surnommé *le Brave*, pour sa valeur qui tenait un peu de la férocité. Il épousa dona Maria, fille de don Alphonse, seigneur de Molina et petit-fils de don

don Alphonse le Sage, et, par le moyen de cette alliance, réunit à la couronne la seigneurie de Molina.

Ayant conquis sur les Mores la ville de Tarifa, il en confia le gouvernement à don Alonse Pèrez de Gusman, le Bon, chef de la maison des ducs de Médina-Sidonia, qui défendit vigoureusement cette place pendant le siége qu'en firent les Sarrazins, commandés par l'infant don Juan, frère du roi. Un fils de don Alonze tomba entre les mains des assiégeans, et ceux-ci, pour l'obliger à se rendre, le menacèrent de trancher la tête à son fils ; mais le père, loin d'être intimidé par une menace aussi cruelle, jeta du haut des murs un couteau pour servir au sanglant sacrifice, déterminé à le voir consommer plutôt que de manquer au devoir de défendre la place. Il se retira pour prendre un repas, et bientôt, entendant les cris que poussaient les soldats en voyant trancher inhumainement la tête à cet enfant, il sortit pour en savoir la cause, et dit avec une sérénité incroyable : « Je croyais que les ennemis étaient entrés « dans la ville. » Trait de patriotisme héroïque qui n'a pas son semblable dans l'histoire (1). Il apprit aux barbares jusqu'à quel point Gusman le Bon portait l'intrépidité, et désespérant d'emporter une place qui renfermait un tel défenseur, ils levèrent le siége et repassèrent en Afrique.

Don Sancho mourut en 1295, après un règne souvent troublé par les dissentions les plus graves, occasionnées par divers princes qui, fondés sur des droits, ou sans titres quelconques, aspiraient à la couronne.

Don Fernand iv, l'Assigné.
Il la laissa néanmoins à son fils don Fernand IV, pendant la minorité duquel l'Etat fut gouverné par sa mère dona Maria, princesse d'un esprit élevé et douée d'une vertu et d'une prudence égales. Elle eut besoin de l'une et de l'autre pour résister aux factions puissantes qu'excitèrent contre son fils et contre elle-même, tantôt l'infant don Alphonse de la Cerda, protégé par les

---

(1) C'est une erreur : la barbarie des hommes a plus d'une fois renouvelé l'atrocité dont cette histoire nous transmet le souvenir. Et ce père à la fois généreux et dénaturé, commandait pour un usurpateur. O humanité !

rois de France, d'Arragon et de Grenade, tantôt l'infant don Juan, le même qui avait assiégé Tarifa et qui prenait le titre de roi de Léon, soit encore don Henri, oncle du roi, qui prétendait à la régence du royaume, et enfin les maisons de Haro et de Lara. Ces différens partis tantôt se faisoient mutuellement la guerre et tantôt s'unissaient contre le monarque, sans qu'aucun des concurrens eût d'autre but que celui d'agrandir ses propres domaines au préjudice de l'Etat. Les excès publics et particuliers n'avaient plus de bornes ; les haines, le vol, les assassinats, tout était devenu licite.

La famine, la peste, les maladies que souffraient les troupes livrées aux factions, fournirent à la politique habile de la reine les moyens d'appaiser la fureur ambitieuse des factieux. Elle satisfit les nobles, soulevés, par la cession de quelques bourgs ou territoires ; appaisa le roi de Portugal, don Denis, qui favorisait l'infant don Juan, en concluant le double mariage du roi don Fernand de Castille, avec dona Constance, fille de don Denis, et de don Alphonse son fils et son successeur, avec dona Beatrix, sœur de don Fernand. Les rois d'Arragon et de Portugal, nommés arbitres du différent entre l'infant de la Cerda et le roi de Castille, prononcèrent que l'infant devait renoncer à ses prétentions à la couronne, moyennant une indemnité consistant dans la cession à lui faire de quelques terres et villages.

Aussitôt que don Fernand eut atteint l'âge de prendre les rênes de l'Etat, il sut gagner, par son affabilité et sa clémence, les cœurs de ses vassaux, pardonnant généralement à tous les délinquans. Il recueillit le fruit de cette sage politique dans la guerre contre les Maures auxquels il enleva quelques places d'Andalousie, entr'autres Gibraltar.

Ce roi fut appelé l'*Assigné*, parce qu'ayant fait mourir, sans preuves suffisantes, deux frères du nom de Carvajal, accusés d'avoir commis un assassinat; ils le citèrent à comparaître, dans le délai de trente jours, pardevant le tribunal de Dieu, pour rendre compte de la peine capitale à laquelle il les condamnait injustement. Le roi mourut, en effet, précisément au bout de trente jours, et il était difficile que le peuple attribuât au simple hasard un événement si remarquable.

Don Alphonse XI le Don Fernand IV, laissa pour successeur, en 1312, son fils don Alphonse XI, âgé d'un an et plus, sous la tutelle de son aïeule dona Maria et des infans don Juan et don Pèdre, ses oncles.

Justicier, 1312.

Ces derniers ayant été malheureusement tués dans une bataille livrée contre les Mores de Grenade, on vit renaître de funestes débats sur la régence du royaume. La reine dona Maria mourut ensuite, et don Alphonse qui, entrant dans sa majorité, commença à gouverner par lui-même, appaisa les troubles de ses Etats par un mélange habile de rigueur et de modération.

Il entreprit de bonne heure la guerre contre les mahométans, et signala son règne par la prise d'Algésiras, et par une grande victoire qu'il remporta près de Tarifa, sur les bords du fleuve Salado, dans laquelle on dit qu'il périt plus de deux-cent mille Sarrazins et seulement vingt chrétiens; particularité bien semblable à celle qu'on rapporte de la bataille des plaines de Tolosa.

Les dépenses énormes de ces grandes expéditions obligèrent à imposer, sur la vente des marchandises, l'impôt appelé *Alcabala*. Presque toutes les villes d'Espagne consentirent au payement de cette contribution, nécessaire alors pour la défense du royaume.

Tandis que don Alphonse assiégeait Gibraltar qui déja était retombé au pouvoir des Mores, son armée fut attaquée d'une terrible peste, dont il mourut lui-même en 1350.

Ce monarque, connu sous le nom de *Justicier*, est celui qui autorisa publiquement et mit en force les lois des sept Parties, compilées par son bisaïeul don Alphonse le Sage.

CHAPITRE X.

Suite des rois de Castille et Léon jusqu'à don Juan 1er.

Don Pèdre 1er dit le Cruel. LES commencemens du règne de don Pèdre 1er, ou, pour mieux dire, l'unique de ce nom parmi les rois de Castille et Léon, fils et héritier de don Alphonse dernier, ne furent pas moins turbulens que ceux de son père et de son aïeul. Il commença à régner avant seize ans, et découvrit, dèslors, du penchant aux excès qui depuis obscurcirent la réputation qu'il méritait par quelques qualités. N'ayant pas su mettre un frein à l'impulsion de son génie trop rigoureux, il reçut des uns le surnom *de Cruel*, et des autres, celui de *Justicier*, comme son père, en raison des châtimens sévères et fréquens qu'il fit infliger.

Il ne manque pas d'historiens qui prennent sa défense et le disculpent, en considération des motifs qu'il eut pour exercer tant de rigueurs. Mais leur témoignage ne peut suffire pour infirmer celui de tant d'autres, et sur-tout ne détruit pas le fait des morts violentes, des emprisonnemens, des bannissemens et des confiscations de biens que souffrirent, sous son règne, divers personnages, ecclésiastiques comme séculiers. Sa condamnation résulte particulièrement de la mort de ses frères, les infans don Juan, don Pèdre et don Fadrique, grand-maître de Saint-Jacques, celle de doña Léonor de Guzman, maîtresse d'Alphonse XI, celle de Bermejo, roi de Grenade (qui à la vérité avait violé les trèves conclues avec la Castille), et enfin celle de doña Blanche de Bourbon, sa propre épouse, qu'il abandonna pour se livrer aveuglément à sa passion pour une dame nommée *doña Maria Padilla*.

A la réputation de cruauté que ce prince s'attira généralement, se joignit celle de l'avarice et de l'incontinence; quoique ses défenseurs soupçonnent que le roi don Henri son frère, qui lui succéda après lui avoir ôté la vie, a pris soin de décrier sa mémoire, en le chargeant, dans sa Chronique, de ces vices odieux et de faits exagérés.

Soit que ce fût en raison de la dureté du gouvernement de don Pèdre, ou de l'ambition inquiète et du peu de patience de ses premiers vassaux, le feu des dissentions et des guerres civiles désola le royaume. Il eut aussi à soutenir une guerre non moins opiniâtre et non moins sanglante contre le roi d'Arragon, appelé comme lui don Pèdre, et comme lui surnommé *le Cruel*.

Don Henri, comte de Trastamare, et don Tello, seigneur de Biscaye, frères bâtards de don Pèdre de Castille, animés du desir de venger la mort de Léonor de Guzman leur mère, et d'autres violences, s'unirent à de nombreux mécontens, et prirent les armes contre leur frère.

Don Henri se rendit maître de quelques villes, et se fit couronner roi dans Burgos; mais don Pèdre, plus puissant encore, le vainquit dans une bataille livrée près de Naxera, et l'obligea à se réfugier en France. Le comte de Trastamare revint bientôt avec un secours de troupes qu'il y avait obtenu, et traversant la Catalogne et l'Arragon, entra en Castille; il fut assez heureux pour faire embrasser son parti par un grand nombre de villes, et pour que celle de Léon se rendît à ses armes. Maître alors d'une partie du royaume, il mit le siége devant Tolède, et marchant de là à la rencontre du roi don Pèdre, il l'atteignit à Montiel, ville de la Manche. Le combat s'engagea entre les armées des deux frères, et la victoire se déclara pour don Henri. Ce succès fut suivi d'un autre plus décisif; don Pèdre, qui s'était réfugié avec quelques-uns des siens dans le château de Montiel, étant sorti dans une nuit, tomba dans les mains de son frère, qui le fit périr d'une mort violente.

Cette action hardie, fraya, à don Henri, le chemin du trône, en 1569; presque tous les vassaux de son frère, y compris ceux de Tolède, lui prêtèrent volontairement le serment d'obéissance; il parvint à se faire aimer généralement par son affabilité, et par l'inépuisable libéralité avec laquelle il récompensa non-seulement les siens, mais même les étrangers qui l'accompagnèrent et le servirent dans ses entreprises. On lui donna le nom de *Henri des Récompenses* en raison du grand nombre de celles qu'il

Don Henri III dit des Récompenses, 1569.

accorda; et lui-même, reconnaissant qu'elles avaient été excessives, ordonna, par son testament, que la jouissance en serait conservée à ceux qui les avoient obtenues et à leurs descendans; mais qu'à défaut de succession directe, ces concessions, connues encore en Castille sous le nom d'*Henriquoises*, seraient réunies à la couronne.

L'état critique de l'Espagne ne permettait pas à don Henri de jouir tranquillement du trône. Don Fernand, roi de Portugal, arrière-petit-fils de don Sancho le Brave, et le duc de Lancastre, époux de la fille aînée du roi don Pèdre, y prétendaient tous deux. Carmone, où les infans, fils de ce souverain, s'étaient retirés, n'avait point encore ouvert ses portes; et d'une autre côté, les rois de Navarre et d'Arragon commençaient à exercer des hostilités en Castille, et le roi more de Grenade en Andalousie. Don Henri fit tête à tous ces orages avec une activité qui fait honneur à ses talens politiques. Après avoir conclu avec le More un armistice, indispensable dans de telles circonstances, il tourna toutes ses forces de terre et de mer contre le roi de Portugal, déja maître de Zamora et de divers cantons de la Galice, qui l'avaient reconnu pour son souverain. Il l'en délogea, prit Bragance et Braga, et, détruisant un assez grand nombre de peuplades portugaises, il contraignit son compétiteur à accepter la paix. Il assiégea ensuite Carmone, et malgré sa résistance vigoureuse, la soumit par la famine, et fit prisonniers les fils du roi don Pèdre.

Une seconde fois il vainquit les Portugais qui avaient repris les armes; et ces différens se terminèrent enfin par le mariage de don Sancho, frère du roi de Castille, avec dona Béatrix, sœur du roi de Portugal, et par celui de dona Isabelle, fille naturelle de ce dernier, avec don Alphonse, comte de Gijon, bâtard de don Henri.

Les différens avec le roi de Navarre s'arrangèrent également, au moyen de la restitution de Logrogno et de Victoria à la couronne de Castille, et de l'union de dona Léonor, fille de don Henri, avec don Carlos, fils du roi de Navarre.

Quoique cette paix fût ensuite troublée pendant quelque temps, elle se consolida enfin, et toujours à des conditions avantageuses pour don Henri, qui, par sa puissance et son habileté, sut conserver toujours une supériorité telle qu'il fut le maître de dicter la loi à ses adversaires.

Le même moyen mit un terme à la mésintelligence entre don Henri et le roi d'Arragon. Sa fille, dona Léonor, épousa l'infant don Juan, qui fut depuis roi de Castille. Après avoir assuré sur ces bases la tranquillité de son royaume, don Henri s'appliqua à le gouverner par des lois sages, et rétablissant à la fois, l'ordre, les bonnes mœurs et la discipline militaire, il se concilia le respect et l'estime de tous ses vassaux.

A la mort de son frère don Tello, seigneur de Biscaye, il réunit à la couronne cette seigneurie, laissant ainsi un souvenir de plus de la fortune de son règne.

La France qui lui avait aidé à monter sur le trône, reçut de lui des preuves non équivoques de reconnaissance, car il accourut avec ses troupes pour prendre part à la guerre qu'elle soutenait contre les Anglais. Mais pendant le schisme qui troubla le repos de l'Eglise, lorsque les nations catholiques divisées reconnurent, les unes le pape Urbain VI, qui régnait à Rome, les autres Clément VII, qui tenait son siége à Avignon, sous l'appui de la France, il eut assez de courage et de fermeté pour conserver la neutralité et mettre ainsi ses royaumes à l'abri des dissentions cruelles que ces fatales concurrences occasionnaient dans beaucoup d'autres.

Don Henri sentant approcher sa fin, donna à son héritier, le prince don Juan, les conseils les plus sages tant sur le soin de protéger la religion, que sur la conduite qu'il devait observer dans le gouvernement de l'Etat.

Don Juan 1er commença à régner par la mort de son père, en 1379; et envoya presque aussitôt au secours de la France une escadre qui, pénétrant jusqu'à Londres, mit la consternation parmi les Anglais.

<small>Don Juan 1er, 1379.</small>

Des différens s'élevèrent entre lui et le roi de Portugal, qui avait d'abord offert en mariage sa fille dona Béatrix à don Fadrique, frère du roi de Castille, et depuis à l'infant don Henri, fils aîné du même roi, union par laquelle les couronnes de Castille et de Portugal devaient être réunies.

Le monarque portugais changea de résolution, et pour le forcer à remplir les capitulations matrimoniales dont on était convenu, don Juan lui déclara la guerre et lui enleva la place d'Almeida. Son escadre, après un mémorable combat naval, s'empara de vingt galères portugaises. Mais enfin la paix se rétablit, et l'on décida que l'infante Béatrix n'épouserait pas don Henri, mais bien don Fernand son frère cadet, afin que les deux couronnes ne se trouvassent pas réunies sur une même tête. Ce nouvel hymen n'eut pas plus son exécution que les autres. Car le roi don Juan, ayant alors perdu son épouse dona Léonor, concerta et célébra enfin son propre mariage avec l'infante Portugaise, sous la condition que les enfans qui proviendraient de cette union, hériteraient seulement du royaume de Portugal, et jamais de celui de Castille.

Don Juan, aussitôt que son beau-père mourut, partit accompagné d'une forte armée, pour prendre possession de ses nouveaux Etats, mais les Portugais s'y refusèrent et le roi de Castille fut obligé d'employer la force et mit le siége devant Lisbonne, par terre et par mer. La peste qui commença à se déclarer dans le camp des Castillans, fit échouer l'entreprise, et le siége fut levé. En même temps les Portugais proclamèrent souverain don Juan, grand-maître de l'ordre d'Avis, et frère naturel du roi défunt; et quoique les Castillans, pénétrant en Portugal par Rodrigueville et Visco y causassent quelque dommage, ils furent ensuite vaincus dans la fameuse bataille d'Aljubarrota. Sa perte fut attribuée non-seulement à l'intrépidité avec laquelle les Portugais combattirent pour la défense de leur liberté, mais plus particulièrement encore à l'avantage de la situation, malgré lequel la jeunesse Castillane eut l'audace de livrer le combat, nonobstant la fatigue et la faim qui affaiblissaient les troupes, et sans prêter l'oreille aux capitaines plus expérimentés qui traitaient cette action de téméraire.

Animés par cette victoire, les Portugais continuèrent avec succès la guerre en Andalousie, et appelèrent à leur secours le duc de Lancastre, qui, n'oubliant pas le droit qu'il croyait avoir à la couronne de Castille, accourut, fort content, en Galice, et s'empara de la ville de Santiago et autres cantons.

La rareté des vivres et les maladies diminuèrent à tel point l'armée anglaise, qu'il ne fut pas difficile de conclure la paix avec le duc de Lancastre; elle fut suivie du mariage de sa fille dona Catherine, petite-fille du roi don Pèdre, avec l'infant don Henri, héritier de Castille.

Les Portugais s'emparèrent de la ville de Tui, mais bientôt ils la restituèrent en concluant avec les Castillans une trêve de six années.

Dans le cours de celle de 1590, le roi don

Juan 1ᵉʳ, mourut malheureusement à Alcala d'Hénarès, des suites d'une chute de cheval. Sept ans auparavant, par détermination prise dans des cortès solemnels tenus à Ségovie, on avait commencé à compter en Espagne par l'ère chrétienne, au lieu de celle d'Auguste César, en usage depuis très-long-temps.

CHAPITRE XI.

Suite des rois de Castille et Léon, jusqu'à don Juan II.

Don Henri III, l'Infirme. DON HENRI, troisième de ce nom, avait pris du vivant de son père le titre de *prince des Asturies*; il est le premier auquel fut déférée cette distinction attachée à l'héritier du trône. Il avait à peine douze ans lorsqu'il commença à régner sous la tutelle de plusieurs grands personnages du royaume, entre lesquels elle excita des débats graves et obstinés. Le roi les termina en prenant les rênes du gouvernement avant ses quatorze ans accomplis. Bientôt il manifesta des qualités si dignes du trône, qu'elles l'eussent certainement mis au rang des plus grands princes qu'ait eu l'Espagne, si sa faible santé, qui lui fit donner le surnom d'*Infirme*, lui eût permis de s'appliquer, comme il le desirait, aux soins difficiles et continus du gouvernement et de la guerre. Il fit cependant beaucoup de bien à ses sujets; ce mot sortait souvent de sa bouche: « Je crains plus leurs malédictions que les « armes de mes ennemis. »

Le trésor royal se trouvait épuisé, autant par les libéralités par lesquelles Henri II s'était vu forcer d'assouvir l'ambition des nobles, que par les guerres que don Juan eut à soutenir dans ces temps de calamités. Mais le jeune don Henri trouva deux moyens de remédier à ce mal : le premier fut la modération exemplaire avec laquelle il se réduisit à vivre aussi frugalement et aussi économiquement qu'aurait pu le faire un particulier; l'autre fut la répression efficace qu'il opposa aux usurpateurs de son patrimoine royal, habitués, sous les règnes précédens, à s'enrichir à ses dépens et à ceux de toute la nation.

Il affermit la paix dans ses domaines en renouvellant les anciennes alliances avec l'Arragon et la France, ainsi que la trève avec le Portugal. Le roi More de Grenade, par la prise d'Ayamonte, rompit cependant cet état de calme, et lorsque Henri se préparait à entreprendre la guerre contre lui, il mourut, généralement regretté, en 1407, laissant au prudent et brave infant don Fernand son frère, et à la reine doña Catherine son épouse, le gouvernement du royaume et la tutelle de son fils, le prince don Juan, à peine âgé de vingt mois.

Don Juan II, 1407.
Durant la minorité du roi don Juan II, le royaume eut beaucoup d'obligations à la valeur et à l'habileté de l'infant don Fernand; il recouvra non-seulement Ayamonte, mais encore beaucoup d'autres places, et notamment celle d'Antequera près de laquelle il défit l'armée des Mores de Grenade. Ce prince, connu depuis cette action glorieuse, sous le nom de *l'infant d'Antequera*, mérite les plus grands éloges pour la modestie rare et le désintéressement magnanime avec lesquels il refusa la couronne de Castille que les grands lui offraient immédiatement après la mort du roi don Henri. Le ciel ne tarda pas à récompenser ce procédé généreux; don Martin, roi d'Arragon et de Sicile, oncle de don Fernand, étant mort sans enfans, cette succession lui fut dévolue, autant par la force du droit qu'il avait à la préférence sur

un grand nombre de personnages qui aspiraient à cette couronne, que par l'effet des circonstances recommandables qui lui conciliaient l'estime universelle. Malgré diverses oppositions, don Fernand prit possession du trône d'Arragon, et les îles de Sicile et de Sardaigne, comme royaumes y annexés, le reconnurent pour légitime souverain.

Don Juan II sortit de tutelle à l'âge de vingt-quatre ans; mais les troubles qui plus que jamais affligeaient alors la Castille, troubles occasionnés par des vassaux ambitieux et mécontens, exigeaient le gouvernement d'un monarque moins jeune, plus ferme, plus capable et plus expérimenté que don Juan. Loin de veiller par lui-même aux affaires importantes de l'Etat, il les abandonnait à des favoris et à des flatteurs pernicieux qui abusaient de leur crédit auprès du prince, pour faire leur fortune au détriment même du public.

Le principal d'entr'eux fut le connétable don Alvare de Luna, grand-maître de Santiago, dont le pouvoir sans bornes, les riches possessions et les dignités qu'il tenait de la faveur du roi don Juan, excitèrent les plaintes et l'envie de presque tous les courtisans. Il n'y eut discorde, usurpation, ni tyrannie dont ses ennemis ne l'accusassent, quelquefois avec raison, souvent aussi sans fondement; ils réussirent enfin à ce que le roi, malgré l'attachement extraordinaire qu'il professait envers don Alvare, et la confiance aveugle qu'il avait en lui, le privât de ses bonnes graces, et le condamnât d'abord à l'exil, et enfin à mourir sur un échafaud : sentence qui fut exécutée sur la place publique de Valladolid, et qui offre un exemple, trop frappant pour être oublié, de l'instabilité de la fortune.

Le roi don Juan fut tourmenté par de longues persécutions de ses propres vassaux et de ses parens; aucune ne fut plus opiniâtre que celle que lui suscitèrent ses cousins, les infans d'Arragon, don Henri, et don Juan, roi de Navarre, jaloux de gouverner en Castille, avec une autorité despotique. La querelle s'aigrit au point que le roi leur présenta la bataille près d'Olmedo, et les mit en déroute ; l'infant don Henri y fut mortellement blessé, et demeura prisonnier avec divers gentilshommes de leur parti.

Don Juan II remporta une autre victoire encore plus importante à la bataille de la Higuera, livrée contre les Mores de Grenade, avec tant de succès, que plus de dix mille d'entre eux y périrent.

Ce roi aima les belles-lettres et sur-tout la poésie, qui, de son temps et sous sa protection, commença à sortir de l'obscurité où elle était plongée depuis tant de siècles de barbarie. Et si c'est avec quelque raison que quelques auteurs le peignent comme un prince inappliqué et inhabile à régner, ceux-là ne lui rendent pas justice qui le supposent absolument simple et presque privé de discernement et de raison.

CHAPITRE XII.

Règne de don Henri IV.

Don Juan II, étant mort de la fièvre quarte à Valladolid en 1454, le trône fut occupé par son fils don Henri IV, dit l'*Impotent*, qui éprouva les mêmes disgraces que son père; les rebellions et les guerres civiles recommencèrent de la part des grands et troublèrent la paix dont le royaume commençait à peine à jouir depuis les traités faits avec les Navarrois et les Arragonais. Les causes de ces désordres furent, comme sous le règne précédent, la faiblesse et l'indolence du souverain et

Don Henri IV, 1454.

son imprudente facilité à élever les courtisans qui le gouvernaient. A ces défauts essentiels il joignit un penchant déterminé à une galanterie, qui, quoique à la rigueur elle ne sortît pas de ces bornes, scandalisait autant qu'une véritable débauche; et il prodigua ses revenus en récompenses pour ceux de ses vassaux qui en étaient le moins dignes.

En outre, le roi qui n'avait point eu d'enfans de sa première femme, doña Blanche de Navarre, l'avait répudiée comme stérile, attribuant à un défaut de son épouse ce qui, suivant l'opinion générale, était l'effet de sa propre impuissance. Il avait épousé en secondes noces doña Jeanne de Portugal; et cette princesse mit au jour une fille à laquelle on donna le même nom que portait sa mère. Il parut très-vraisemblable qu'elle n'était point fille du roi, et ces soupçons étaient confirmés par la familiarité intime dans laquelle la reine vivait avec don Beltran de la Cueva, grand-maître de Saint-Jacques, depuis comte de Ledesme, duc d'Albuquerque, majordome de la maison du roi et favori particulier du roi don Henri. Cette opinion fut si générale, qu'on ne donnait à l'infante d'autre nom que celui de la Beltraneja.

Quoique le roi l'eût fait reconnaître princesse héréditaire, les troubles qui à cette occasion s'élevèrent dans le royaume, furent tels, que le même souverain révoqua tout ce qui avait été fait, et consentit à ce que son frère, l'infant don Alphonse, fût proclamé prince héréditaire.

Cette condescendance ne suffit pas pour appaiser les séditieux insurgés. A la vue même de la ville d'Avila qui s'était toujours montrée si fidèle à ses rois, ils élevèrent un échafaud, et y dressant une effigie de don Henri, revêtue de tous les ornemens royaux, ils l'en dépouillèrent ignominieusement, déclarèrent le monarque inhabile à gouverner, et proclamèrent roi le prince don Alphonse, lui prêtant foi et hommage solemnels.

La nation se divisa en deux partis, et force fut à don Henri de prendre les armes contre ses ennemis. La bataille se livra près d'Olmedo et chacun des deux partis s'attribua la victoire ; le coup indécisif ne détruisit point la ligue, et n'arrêta le cours ni des haines, ni des projets hardis.

Les troubles duraient encore lorsque le nouveau roi don Alphonse mourut à l'âge de quinze ans ; et les mécontens prétendirent faire déclarer héritière l'infante dona

Isabelle, sœur du roi don Henri, princesse douée des qualités brillantes dont nous parlerons plus haut quand nous lui verrons occuper heureusement et pacifiquement le trône d'Espagne, sous le glorieux surnom de *la Reine catholique*.

Le roi, las de concurrences si opiniâtres, persuadé que le choix des confédérés prévaudrait, satisfait d'ailleurs de la prudence et de la fidélité d'Isabelle, qui refusait d'accepter, tant que son frère vivrait, la couronne qui lui était offerte, consentit à ce qu'elle fût proclamée princesse héréditaire, ce qui fut exécuté avec les formalités d'usage. En même temps il consentit à divorcer avec son épouse et à déshériter l'infante qu'il appelait sa fille.

Parmi les divers mariages qui se présentaient pour dona Isabelle, nul ne paraissait plus avantageux au repos de l'Etat, que celui dont on traitait avec son cousin issu de germain don Fernand, roi de Sicile, fils aîné de celui d'Arragon.

Cet heureux hymenée se célébra promptement à l'insçu et sans l'approbation de don Henri, qui avait d'autres vues pour l'établissement de sa sœur ; il en fut si indigné que, suivant les conseils de son génie inconstant, il annulla les déclarations
solemnelles

solemnelles antérieures, reconnut de nouveau dona Jeanne la Beltraneja pour sa fille légitime, et l'institua héritière à l'exclusion de la reine de Sicile.

Dès-lors recommencèrent les troubles dans lesquels dona Isabelle montra la fermeté la plus héroïque; elle réussit enfin à se réconcilier avec le roi son frère, peu de temps avant qu'il mourût.

L'histoire du règne entier de don Henri IV, fournit un grand nombre d'événemens curieux et importans à l'égard de la succession à la couronne et de la diverse fortune de plusieurs grandes maisons du royaume, mais elle est moins riche en ce qui concerne l'agrandissement de la monarchie; les agitations intérieures ne permirent point à ce souverain de continuer la guerre qu'il avait commencée avec vigueur contre les Mores. Néanmoins il reprit la ville de Gibraltar et ravagea plusieurs fois les terres du roi de Grenade.

CHAPITRE XIII.

Commencement du règne des rois catholiques don Fernand et Isabelle.

Don Fernand et dona Isabelle, rois catholiques. LA mort de don Henri n'avait point encore mis fin à tous les troubles ; le parti de Jeanne, prétendante à la couronne, quoique déja fort affaibli, ne laissait pas de s'opposer, par tous les moyens imaginables, à celui de la reine dona Isabelle et de son époux don Fernand v. En vain le roi de Portugal, marié avec dona Jeanne sa nièce, prétendit-il la rétablir sur le trône Castillan : ses troupes, secondées de celles de la France, ne remportèrent contre les rois catholiques aucun avantage considérable; et la France s'étant retirée de cette alliance infructueuse, le roi de Portugal se vit forcé à se désister solemnellement de ses prétentions et à signer la paix. Dona Jeanne exclue d'un trône, fut encore obligée à quitter l'autre et à prendre l'habit de religieuse dans le couvent de Sainte-Claire de Coimbre.

Nous arrivons à l'époque où l'Espagne vit accroître ses forces, sa gloire et sa prospérité, et où l'on peut dire qu'elle commença à devenir une puissance respectable et à obéir à un seul roi, après avoir été divisée pendant tant de siècles entre divers souverains. Une foule de circonstances favorables concoururent à faciliter ce changement avantageux; mais la plus heureuse et la plus rare, c'est la réunion sur le trône de deux princes, tels que Ferdinand et Isabelle, véritablement nés pour régner.

Ce n'est point sans raison que don Diego de Saavedra, à la fin de ses *Essais Politiques*, fait l'éloge de ce monarque dans les termes suivans, que nous transcrivons à la lettre comme le meilleur portrait moral et politique qui ait été fait du roi catholique.

« Dans son règne, on cultiva tous les « arts de la paix et de la guerre; il offrit les « événemens contraires de la bonne et de la « mauvaise fortune. L'enfance de ce grand « roi fut adulte et mâle. Ce que ne purent « en lui perfectionner l'art et l'étude, fut « achevé par l'expérience; sa jeunesse fut « consacrée aux exercices militaires. Son re- « pos était travail, ses divertissemens étaient « attention. Maître de ses affections, il se « gouverna par les règles de la politique

« plus que par ses inclinations naturelles.
« Il remerciait Dieu de sa grandeur et de
« la gloire de ses propres actions, non
« de celles attachées à sa naissance. Le
« trône lui parut une charge plutôt qu'une
« succession. Il affermit la couronne sur
« sa tête, en se montrant et par sa célérité.
« Il releva la monarchie par la prudence et
« la valeur : l'affermit par la religion et la
« justice : la conserva par le respect et l'a-
« mour : l'orna par les arts : l'enrichit par
« l'agriculture et le commerce; et la laissa
« fondée à perpétuité sur des institutions
« vraiment politiques. Il fut roi dans son
« palais comme dans ses royaumes, éco-
« nome dans l'un comme dans les autres. Il
« sut allier la libéralité à la parcimonie, la
« bonté au respect, la modestie à la gra-
« vité, et la clémence à la rigueur. Il im-
« posa au grand nombre, par le châtiment
« d'un petit, et par la récompense de quel-
« ques-uns il entretint l'espérance de tous.
« Il pardonna les offenses faites à la per-
« sonne, mais non à la dignité royale.
« Vengea comme les siennes propres les
« injures de ses vassaux et fut leur père. Il
« exposa l'Etat plutôt que sa dignité. La
« prospérité ne l'enorgueillit point ; il ne
« fut point humilié par l'adversité. Dans

« l'une il s'attendait à l'autre, et dans
« celle-ci, il préparait les moyens de ra-
« mener la fortune. Il se servit du temps,
« le temps ne le fit point agir. Il sut obéir
« à la nécessité et s'en créer des moyens,
« en la faisant tourner à son avantage. Il
« se fit aimer et craindre. Il fut d'un abord
« facile. Il écoutait pour savoir et deman-
« dait pour être informé. Il comptait sur
« ses ennemis, et se défiait de ses amis.
« Son amitié était convenance ; sa parenté
« raison d'Etat ; sa confiance, vigilante ;
« sa méfiance, éclairée ; sa finesse, discer-
« nement ; sa crainte, circonspection ; sa
« malignité, défense ; et sa dissimulation,
« remède. Il ne trompait point ; mais les
« autres étaient trompés par l'équivoque de
« ses paroles et de ses traités, toujours
« conçus de manière (lorsqu'il fallait vaincre
« la malice par la précaution) qu'il pouvait
« se dégager sans manquer à la foi pu-
« blique. Le mensonge ne se commit point
« avec sa majesté, la flatterie se tut devant
« son discernement. Il se servit utilement
« de ses ministres, sans s'y livrer. Il se
« laissait conseiller par eux, et non pas
« gouverner. Ce qu'il put faire par lui-
« même, il ne le confia pas à autrui. Il mé-
« ditait long-temps, exécutait avec promp-

« titude. L'effet de ses résolutions se décou-
« vrait avant leurs causes. Il cachait ses
« desseins à ses ambassadeurs quand il vou-
« lait que, trompés eux-mêmes, ils persua-
« dassent mieux le contraire. Il sut gou-
« verner de moitié avec la reine et obéir à
« son gendre. Il établit des impôts pour les
« besoins, non pour le luxe, ni par ava-
« rice. Ce qu'il enleva aux églises dans le
« temps de nécessité, il le leur rendit
« quand elle n'exista plus. Il respecta la
« juridiction ecclésiastique, et conserva
« celle du trône. Il n'eut point de cour
« fixe, et tourna comme le soleil dans le
« cercle de ses États. Il fit la paix avec
« modération et franchise, la guerre avec
« astuce et vigueur. Il ne chercha point
« l'une et ne refusa point l'autre. Ce que
« son pied occupa, son bras et son génie
« le conservèrent, des dépouilles ajoutant
« toujours à sa puissance. Ses négociations
« opéraient autant que ses armes. Ce que
« par l'art il pouvait vaincre, il ne le remit
« point au sort de la guerre. L'ostentation
« de sa grandeur était dans son armée, sa
« magnificence dans l'appareil terrible de
« ses escadrons. Il fut toujours en per-
« sonne dans les guerres intérieures de son
« royaume. Il exécutait comme il ordon-

« naît. Il se confédérait pour demeurer ar-
« bitre et non sujet. Victorieux, il ne se
« flattait point, vaincu il ne désespérait
« pas. Il signa la paix sous les armes. Il
« vécut pour tous et mourut pour soi et
« pour les autres, demeurant présent à la
« mémoire des hommes comme modèle
« pour les princes, et immortel dans les
« vœux de ses royaumes. » (1)

Des vertus non moins admirables distinguaient la reine dona Isabelle qui, par l'é-
lévation de son caractère, sa noble fortitude et la maturité de son jugement, fut
le modèle de son sexe, et aurait même fait
honneur à l'autre. La bonne harmonie dans
laquelle elle vécut avec son époux, leur
commun accord pour tout ce qui tenait au

---

(1) J'ai traduit en entier cet éloge, cité
comme un modèle, et j'ai tâché d'en rendre
l'expression aussi littéralement que possible. Ce
morceau de littérature est propre à donner une
idée du génie de la langue espagnole, du goût
de ses écrivains, et de leur manière de juger
au dix-huitième siècle le monarque qui fonda
l'Inquisition, et, par l'expulsion des Juifs et des
Mores, enleva à l'Espagne une grande partie de
sa population.

bien public, quoique chacun d'eux gouvernât particulièrement ses Etats, se manifestèrent toujours par la réunion de leurs signatures sur toutes les dépêches.

Mais laissons les éloges pour passer aux faits mémorables de ce règne, quoiqu'il ne soit possible, ni de les faire tous connaître dans cet ouvrage, ni de les rapporter avec l'extension qu'ils méritent.

Par droit de succession, de conquête ou de découverte, le roi catholique ajouta à la monarchie les Etats d'Arragon, la Catalogne, Valence, Majorque, la Sardaigne, la Sicile, Naples, Grenade, la Navarre, les Indes occidentales, quelques territoires en Afrique et d'autres domaines.

En 1479, il hérita par la mort de son père, le roi don Juan, de la couronne d'Arragon, et l'incorpora avec celle de Castille.

Il importe de savoir que dans les années qui suivirent immédiatement l'entrée des Mores en Espagne, ainsi que ceux des chrétiens qui se retirèrent dans les montagnes des Asturies élurent pour leur souverain don Pelage, de même ceux qui se réfugièrent vers les Pyrénées nommèrent d'illustres chefs, tantôt sous le titre de comtes, tantôt sous celui de rois, pour les gouverner et les défendre des incursions des Barbares. De-là vint la division d'une partie considérable de l'Espagne entre les royaumes ou seigneuries de Sobrarbe et Ribagorze, Arragon, Navarre, Barcelone et autres qui prirent, suivant les temps, plus ou moins d'étendue et de puissance.

Les souverains respectifs de ces Etats, tantôt se combattaient pour étendre leur jurisdiction, et se disputaient les conquêtes qu'ils faisaient sur les infidèles; tantôt se réunissaient contr'eux et resserraient leurs alliances par des mariages.

Le royaume de Sobrarbe passe pour l'un des plus anciens qui se formèrent en Espagne au commencement de sa restauration ; par le moyen du mariage du roi don Garcie Iniguez avec dona Urraca, fille et successeur de Fortun Ximenès, comte d'Arragon, il fut réuni à ce comté.

Lorsque don Sancho IV, appelé *le Mayor*, roi de Sobrarbe et Pampelune, comte d'Arragon, et de Castille par le fait de son épouse, divisa ses vastes Etats (comme on l'a vu au commencement du chapitre VII) entre ses quatre fils, Garcie, Fernand, Gonzale et Ramire, il laissa au premier la Navarre, au second le comté de Castille, au troisième les Etats de Sobrarbe et de Ribagorze, et au quatrième ceux d'Arragon, donnant à tous quatre le titre de rois. L'Arragon fut dès-lors gouverné par des rois, et don Ramire qui fut le premier, ne tarda pas à réunir à sa couronne le royaume de Sobrarbe et le comté de Ribagorze, aussitôt après la mort de son frère don Gonzale.

Le royaume de Navarre fut aussi réuni pendant quelque temps à celui d'Arragon, principalement depuis le roi don Sancho fils de don Ramire, jusqu'à don Alphonse le Batailleur, qui mourut en 1134. Mais en général il eut ses rois particuliers et indépendans jusqu'à la conquête qu'en fit don Fernand le Catholique, de la manière que nous verrons ci-après.

Le comté de Barcelone, dont le premier possesseur s'appela Bernardo ou Bernaldo, et qui depuis le commencement du neuvième siècle avait continué à être gouverné par des comtes, s'agrégea également à la couronne d'Arragon en 1137, par le moyen du mariage de dona Pétronille, fille et héritière de don Ramire II avec le comte de Barcelone, don Raimond Bérenger.

Les îles de Mayorque, Minorque, et les autres îles appelées *Baléares*, dépendent de même du domaine d'Arragon, parce que depuis la conquête de celle de Mayorque par le fameux don Jaime le conquérant, en 1230, elles furent toutes adjugées à cette couronne sous le règne de don Pèdre IV, dit *le Cérémonieux.*

Le même roi don Jaime conquit, en 1258, le royaume de Valence qui demeura ainsi une dépendance de celui d'Arragon.

Don Jaime II et son fils don Alphonse IV, obtinrent l'investiture des royaumes de Sardaigne et de Corse, mais ni eux, ni leur successeurs n'en jouirent paisiblement jusqu'à ce qu'Alphonse V les conquit par la force des armes en 1420.

Le royaume de Sicile et celui de Jérusalem y annexé, ont appartenu aussi à la couronne d'Arragon depuis que don Pèdre III, surnommé *le Grand*, en hérita du fait de son épouse Constance, fille de Mainfroi, possesseur de ces royaumes. Après de longues révolutions, il rentrèrent dans la même dépendance par le mariage de Marie, héritière de ces Etats avec don Martin II d'Arragon.

Tous les riches Etats dont nous venons de donner une notice succincte, et d'autres d'une moindre importance, composaient la monarchie Arragonaise, lorsque le roi catholique don Fernand la réunit à celle de Castille.

Mais ni lui, ni sa magnanime épouse, n'étaient satisfaits de tant de possessions héréditaires, tant qu'ils n'avaient pas achevé d'expulser les Mores d'Espagne. Animés de cette louable ambition, ils commencèrent la guerre contre les Mores de Grenade, avec tant d'ardeur, de diligence et de fortune, que dans l'espace de dix ans, accomplis en 1492, ils mirent à fin la grande entreprise qui pendant sept siècles et demi avait fait échouer la valeur des rois leurs prédécesseurs. Les Sarrazins donnèrent occasion à leur propre ruine, en violant la trêve par la prise de Zahara. Le roi catholique marcha pour les châtier, et commença la conquête par la prise de la ville et du château d'Alhama qu'il emporta d'assaut. Ce succès fut suivi de la prise de Loxa, Velez-Malaga, Malaga, Baza, Almeria, Guadix et autres villes, jusqu'à la reddition de Grenade, capitale de ce vaste et fertile royaume. Dans presque toutes les campagnes que coûta cette glorieuse expédition, l'illustre Isabelle se trouva en personne, animant les siens avec un courage admirable; pourvoyant aux besoins de l'armée par les mesures les mieux entendues; prodiguant aux infirmes et aux blessés les soins les plus charitables; de sorte que cet heureux succès fut dû principalement à l'héroïne qui sut vaincre tant de difficultés sans se laisser jamais ébranler par les plus grands dangers. Frère Hernand de Talavera, confesseur de cette reine, contribua assi uau succès de cette entreprise par le zèle de ses exhortations. Cet homme vertueux et sage, répondit un jour à la reine qui le pressait d'accepter un évêché : « Madame, je ne dois être évêque, que « lorsque je le serai de Grenade. » En effet, il occupa le siége archiépiscopal de ce royaume immédiatement après la conquête.

A ce prélat vénérable succéda, dans l'emploi de confesseur de la reine, le provincial des Franciscains, Frère François Ximenès de Cisnéros, qui par la suite fut archevêque de Tolède et cardinal, homme à tous égards fameux par sa piété, sa doctrine, son habileté politique, son intégrité et ses autres qualités sur lesquelles la briéveté de cette histoire ne nous permet pas de nous étendre, et à l'influence duquel l'Espagne est redevable d'une partie du bonheur dont elle jouit à cette époque.

CHAPITRE XIV.

Continuation du règne des rois catholiques, mort de la reine Isabelle, règne de sa fille dona Juana, et don Philipe Ier.

Dans la même année de la conquête de Grenade, on obtint de la France, par négociation, la restitution à la couronne d'Arragon, des comtés de Roussillon et de Sardaigne, qui appartenaient à la Catalogne et avaient été engagés par don Juan II d'Arragon au roi de France Louis XI.

Peu de temps après, le célèbre Génois Christophe Colomb commença la découverte des Indes occidentales. Persuadé que du côté de l'occident il devait y avoir d'immenses régions jusqu'alors inconnues, il proposa à l'Angleterre et au Portugal l'idée de naviguer pour les découvrir. Mais son projet y ayant été rejeté comme fantastique, il se présenta à la cour des rois catholiques et obtint d'eux trois embarcations et d'autres secours pour cette entreprise extraordinaire. En quatre voyages qu'il fit au Nouveau-Monde, depuis l'année

1492 jusqu'en 1506, il découvrit les îles Lucayes, Espagnola ou Saint-Domingue, Cuba, Porto Rico, la Jamaïque, et les autres Antilles, ainsi qu'une partie de la côte de Terre-Ferme, et prit possession de différens parages au nom des rois de Castille. A chaque retour en Espagne, il revint chargé de richesses qui prouvèrent la réalité et l'importance de ses découvertes, pour lesquelles il obtint les titres d'amiral, de duc de Veraguas, et de marquis de la Jamaïque avec diverses autres récompenses ; il eut sur-tout la gloire d'avoir immortalisé son nom. On nomma Indes ces vastes pays, en raison de la ressemblance qu'ils avaient par le précieux et l'abondance de leurs productions avec l'Inde proprement dite qui est l'Orientale : on les appelle aussi Amérique, sans autre raison sinon qu'Americ Vespuce fut l'un des navigateurs et des géographes qui tracèrent des cartes terrestres et marines dans les premières navigations du Nouveau-Monde.

Outre les Indes occidentales, les rois catholiques unirent à leur couronne les îles Canaries, déja bien connues des anciens et conquises en grande partie à la fin du règne de don Henri III, sous la conduite d'un chevalier français, nommé Jean de Betancour. Dans les dernières années du quinzième siècle, Pedro de Vera et Alonso Fernandès de Lugo conclurent heureusement la conquête de la grande Canarie, de Ténériffe et de Palma, et soumirent au Christianisme et à l'empire Espagnol ces trois îles, principales des sept qui sont peuplées.

Les Canaries ne furent pas le seul territoire d'Afrique où triomphèrent les armes de Fernand et d'Isabelle. Elles subjuguèrent encore Melilla, Mazarquivir, Bugia, Tripoli, le Pic de Vèlez et autres villes et forteresses de la côte de Barbarie. Entre tant d'exploits, l'un des plus mémorables est la conquête d'Oran, entreprise, ainsi que d'autres expéditions semblables, sous la direction et aux frais du cardinal archevêque Ximenès de Cisneros qui commanda dans cette journée et recueillit le fruit de ses soins et de ses habiles dispositions.

Le roi catholique, ayant droit au royaume de Naples comme neveu de don Alphonse v d'Arragon, qui avait été roi de Naples et était mort sans enfans; d'autre part, le roi de France prétendant aussi à cette couronne; les deux monarques se concertèrent et partageant entr'eux les Etats de Naples, en dépouillèrent don Fadrique, principalement en raison des intelligences qu'on sut qu'il entretenait avec le Turc, ennemi commun des chrétiens. Mais des querelles s'étant élevées entre le roi catholique et le roi très-chrétien, sur la possession de certains cantons, une guerre opiniâtre s'alluma entre les Espagnols et les Français. Gonzale Fernandez de Cordova, commandant général dans cette guerre, y développa un courage supérieur et la plus grande habileté militaire, et par ses exploits multipliés, mérita à juste titre le surnom de *grand capitaine*. Il soumit à la domination Espagnole le royaume entier de Naples et en chassa les Français après des victoires répétées, et particulièrement celle qu'il remporta à la glorieuse journée de Cirinola en 1503. La preuve la plus convaincante que l'homme le plus parfait n'est point à l'abri d'une faiblesse, c'est que le roi catholique, malgré sa droiture, causa des dégoûts à un héros tel que le grand capitaine, dont il ne pouvait se dispenser de reconnaître les services ; tant sont puissans, même sur un esprit comme celui de Fernand, les rapports perfides que l'envie souffle dans les cours.

A la fin de 1504, la reine catholique,

dona Isabelle, mourut emportant les regrets éternels de la nation qui lui était redevable de mille bienfaits. Il serait difficile de déterminer quelle vertu brilla plus en elle ; il suffit de dire qu'elle réunit toutes celles qui découlent de la valeur et de la solide piété. Elle cultiva son esprit par la lecture et étudia avec fruit la langue latine, sans que cette étude ni ses autres grandes occupations lui fissent négliger les travaux de son sexe ; elle se glorifiait de ce que le roi son époux n'avait pas porté une chemise qu'elle n'eût filée et tissue de ses mains. Glorieux exemple, en effet, d'application industrieuse que cette mère respectable donnait à sa famille et à ses vassaux !

L'unique enfant mâle qu'elle eut, fut le prince don Juan, mais il mourut sans héritiers à l'âge de dix-neuf ans ; perte sensible que la reine supporta avec résignation. La couronne fut par-là dévolue à dona Juana qui épousa l'archiduc Philippe, dit *le beau*, fils de l'empereur Maximilen Ier. Par ce mariage le sceptre espagnol passa à la maison impériale d'Autriche, et les Etats de Flandre, Bourgogne, Brabant et autres considérables entrèrent dans la maison de Castille.

Aussitôt après la mort de dona Isabelle, don Fernand fit proclamer reine de Castille la princesse Juana qui se trouvait alors en Flandre avec son époux don Philippe 1er, et en attendant qu'ils vinssent prendre possession de la monarchie, elle fut gouvernée par le roi catholique, suivant une clause du testament de son épouse, qui ordonnait que l'administration des royaumes de Castille resterait en ses mains jusqu'à ce que don Carlos, fils de don Philippe et de dona Juana, qui depuis régna sous le nom de Charles 1er d'Espagne, et Ve d'Allemagne, eût atteint l'âge de vingt ans.

Dona Juana et don Philippe 1er, dit le Beau.

Cette disposition divisa les grands du royaume ; les uns, qui possédaient les bonnes graces de don Fernand, cherchaient à retarder l'arrivée des nouveaux souverains ; les autres la desiraient, se flattant d'améliorer leur fortune par un changement de gouvernement. Don Philippe différait son voyage, et il s'éleva entre le beau-père et le gendre des méfiances et une désunion mutuelles, qui ne cessèrent qu'en 1506. A cette époque, tous les différens se terminèrent par l'arrivée en Espagne de dona

Juana et de son époux, et par la retraite de don Fernand en Arragon, d'où il partit pour se faire couronner à Naples après avoir épousé en secondes noces Germaine, fille de Jean de Foix, vicomte de Narbonne, nièce du roi de France Louis XII, et petite-fille de dona Léonor, reine de Navarre.

Le roi catholique reçut la même année en Italie la nouvelle inattendue de la mort de Philippe 1er dans la fleur de son âge à vingt-huit ans, lorsqu'à peine il commençait à jouir de la couronne et à donner des espérances d'un règne heureux.

CHAPITRE XV.

Dernière partie du règne du roi catholique jusqu'à sa mort.

Il était notoire que la reine dona Juana avait les organes faibles, et qu'elle revenait difficilement à la raison lorsque sa fantaisie troublée lui faisait dire ou faire des extravagances. On l'appela communément, par cette raison, *dona Juana la Folle;* et en effet les égaremens et les cris forcenés, par lesquels elle manifesta sa douleur à la mort du roi don Philippe le Beau, confirmèrent tout le monde dans la persuasion que sa démence était complette. Dès ce moment, le malheureux état de la reine ne fit qu'empirer, et elle-même, dans quelques intervalles lucides, reconnaissait sa maladie, puisqu'elle écrivit à son père, différentes fois, le suppliant de reprendre le gouvernement du royaume. Diverses villes firent les mêmes sollicitations, considérant que, quoique l'archevèque Ximenès de Cisneros, et d'autres graves personnages, dirigeassent les affaires par interim, l'Etat était réellement alors un corps sans tête.

Le roi revint en Espagne, et reprit les rênes de l'administration en Castille, conservant toujours à dona Juana les honneurs de reine propriétaire, quoique, incapable de commander et ne se plaisant que loin du monde, elle vécût retirée et cachée dans le palais de Tordesillas. Elle y demeura, dans le même désordre d'esprit, jusqu'à sa mort, arrivée, en 1555, à la fin du règne de son fils l'empereur Charles Quint.

En vertu de la confédération appelée *la Ligue sainte*, que le roi don Fernand avait faite avec les Vénitiens et le pape Jules II, il fut obligé de fournir des troupes à ce dernier pendant la guerre qui eut lieu entre la France et l'Etat de l'Eglise. Contre les ordres du roi, on livra, près de Ravennes, une bataille sanglante dans laquelle la perte fut considérable des deux côtés; les Français y dûrent cependant, à la supériorité de leur cavalerie, quelques avantages qui leur furent peu utiles, car leur armée s'étant affaiblie, ils furent forcés de restituer les places qu'ils avaient conquises en Italie.

Pendant cette guerre, le roi catholique ayant résolu de marcher en France pour unir ses forces à celles de Henri VIII d'Angleterre, son gendre, qui voulait s'emparer du duché de Guienne, demanda au roi de Navarre, Jean de Cabrit ou d'Albret, et à son épouse Catherine de Foix, qu'ils lui ouvrissent un passage par leurs états, et se détachassent du parti de la France. Les rois de Navarre se refusèrent à cette demande et aux conditions et sûretés que le roi de Castille exigeait d'eux. Les sommations du souverain pontife, les sollicitations amicales, auxquelles don Fernand eut recours, ne produisirent aucun effet. Les choses en vinrent au point d'un rupture formelle, et l'armée Castillane entra dans la Haute-Navarre, sous le commandement de don Fadrique de Tolède, duc d'Albe, qui se rendit maître de Pampelune avec la plus grande facilité, en 1512, et consécutivement du reste du royaume, après que le roi de Navarre, et son épouse, se furent réfugiés en France. De cette manière le roi catholique, appuyant par les armes les divers droits anciens et modernes qu'il avait à la couronne de Navarre, la réunit à celle de Castille, comme elle l'est encore aujourd'hui.

La guerre continuait encore en Italie, lorsqu'au commencement de 1516, le roi don Fernand fut attaqué d'une maladie qui le conduisit au tombeau. Sa mort ne coûta pas moins de larmes à ses vassaux que celle de son épouse doña Isabelle. Pendant le temps qu'il gouverna, soit de concert avec la reine catholique, soit seul depuis son veuvage, il n'omit rien de ce qui pouvait contribuer à l'agrandissement de la monarchie; il y rétablit la paix intérieure, l'administration de la justice et les bonnes mœurs; et publia de sages lois, principalement celles de Toro. Aidé du vigilant et docte cardinal Ximenès de Cisneros, il réprima le relâchement qui s'était introduit dans le clergé et dans la majeure partie des communautés religieuses; il assura à la couronne le droit de présentation aux dignités ecclésiastiques que la cour de Rome avait coutume de conférer à des étrangers, au préjudice des Espagnols qui le méritaient le plus; il réunit aussi à la couronne les grandes maîtrises de Santiago de Calatrava et d'Alcantara, dont les titulaires, oubliant leur institut particulier dirigé contre les *infidèles*, employaient quelquefois leur pouvoir à fomenter des troubles entre les sujets chrétiens, et à susciter des partis contre le souverain. Cette incorporation prudente des grandes-maîtrises, ne devait alors durer que pendant la vie du roi catholique; ce fut son petit-fils, Charles-Quint, qui la rendit perpétuelle. Don Fernand établit, pour la sûreté des chemins publics, la sainte Hermandad, qui était composée de quadrilles occupées à réprimer les voleurs de grand chemin et autres criminels, à l'imitation d'une congrégation semblable, établie en Castille dès le temps de don Alphonse VIII et du roi Saint-Fernand son petit-fils. Il fonda différens tribunaux et chancelleries, le conseil royal des dépêches, et le saint Office de l'Inquisition; le desir de faire triompher la religion dans toute sa pureté, l'emportant dans son cœur et dans celui de sa pieuse épouse, sur l'avantage temporel des richesses qui pouvaient se multiplier, en Espagne, par l'agriculture, l'industrie et le commerce des Mores, des Juifs et des Judaïsans, ils expulsèrent, avec le zèle le plus ardent, tous ceux qui refusèrent de se convertir : ils se confirmèrent dans cette résolution, par la considération des inconvéniens politiques qui résultaient, pour le royaume, de servir d'asile à des hommes en général disposés à la révolte; à la constance et à la fidélité desquels il était très-dangereux de se fier.

Par ces infatigables efforts pour l'exaltation de la foi, ces souverains acquirent le nom de catholiques qu'avaient auparavant mérité et porté d'autres rois d'Espagne, comme don Alphonse 1er et Recaredo; mais, en don Fernand et Isabelle, ce ne fut point un simple surnom, mais bien un titre accordé en forme solennelle sous l'autorité pontificale, et conservé jusqu'à ce jour par tous les héritiers de la monarchie espagnole.

CHAPITRE XVI.

Règne de l'empereur Charles-Quint.

<small>Don Carlos 1ᵉʳ d'Espagne et Vᵉ d'Allemagne.</small>

LE roi catholique nomma, par son testament, le cardinal Ximenès gouverneur des royaumes de Castille ; et confia le gouvernement d'Arragon à don Alphonse d'Arragon, archevêque de Saragosse, et celui de Naples à don Raimond de Cardona. L'archiduc Charles, premier de ce nom en Espagne et cinquième parmi les empereurs d'Allemagne, était prêt à entrer dans sa seizième année, lorsqu'il hérita de l'empire d'Espagne, déja si puissant qu'il excitait, avec raison, l'envie et même la crainte dans toute l'Europe : il ne vint en Espagne que dans l'année qui suivit la mort du roi don Fernand. Peu de temps après mourut l'illustre prélat don frère François Ximenèz de Cisneros : son expérience dans les affaires, sa conduite vertueuse et sans tache, ne méritent pas moins d'éloges que la prudence avec laquelle, malgré son intrépidité et sa sévérité naturelle, il supporta les persécutions que ne pouvait éviter un zélé réformateur des abus invétérés, tant dans l'ordre ecclésiastique que dans l'ordre civil. L'université d'Alcala lui dut son existence et son lustre; il y fonda le grand collége de Saint-Ildephonse et d'autres plus petits. Il y fit aussi corriger et imprimer, avec un soin extrême et à grands frais, la Bible appelée *Complutense*, corrigée sur la lettre des meilleurs originaux hébreux, grecs et latins; enfin, il laissa, épars dans toute l'Espagne, des monumens durables de sa piété, de sa doctrine et de sa munificence.

L'empereur Maximilien étant mort en 1519, les électeurs nommèrent Charles-Quint successeur dans l'empire de son aïeul, malgré l'opposition de François 1er, roi de France, qui, aspirant au sceptre impérial, commença à être le compétiteur de Charles et l'émule de sa gloire. Le nouvel empereur élu partit, accompagné de quelques grands d'Espagne, et vint se faire couronner à Asquigran, laissant le gouvernement du royaume au cardinal Adrien, natif d'Utrecht et doyen de Louvain, qui avait été son précepteur, et fut depuis élevé à la dignité de souverain pontife, sous le nom d'Adrien VI.

L'absence du souverain contribua à faire

éclater en Castille les rebellions qu'on appela *communautés* ; plusieurs grandes villes, et quelques-uns des principaux seigneurs, prirent part à cette fatale guerre civile, et parmi les principaux chefs de la sédition, don Juan de Padilla et l'évêque de Zamora, don Antonio d'Acugna, jouèrent un rôle important. Les mécontentemens et les plaintes des insurgés se fondaient sur ce que divers Flamands, mal instruits des lois et coutumes d'Espagne et uniquement occupés de leur intérêt personnel et de leur agrandissement, s'étaient emparés de l'autorité, abusant de la facilité d'un monarque jeune et naturellement bon, pour tyranniser les vassaux espagnols et vendre publiquement la justice. Les séditieux, prenant en conséquence les armes, refusèrent l'obéissance au cardinal Adrien, aux tribunaux et aux ministres du roi, et commirent toutes sortes d'atrocités. Les désordres durèrent deux ans, jusqu'à ce que les troupes royales vainquirent les rebelles, nommés *Comuneros*, dans la bataille de Vivalar, livrée en 1521 ; et les chefs de la conjuration reçurent promptement le châtiment mérité.

Lorsque l'empereur revint ensuite en Espagne, il acheva d'appaiser toutes les inquiétudes, en pardonnant aux rebelles avec une clémence singulière. Il en donna une preuve, digne d'être rapportée, par la réponse qu'il fit à un de ses courtisans qui lui apprit où se cachait un certain chevalier de la faction rebelle. « Vous auriez mieux fait (dit ce pieux monarque au délateur) d'avertir ce chevalier que j'étais ici, que de me faire savoir où il est. » (1)

Le roi de France, sentant que les troubles de Castille lui offraient une occasion favorable d'affaiblir la puissance de Charles-Quint, entreprit la conquête de la Navarre. En effet, il réussit à se rendre maître des places les plus importantes, et son

---

(1) L'historien semble n'avoir parlé de ces *troubles* que pour terminer son récit par ce noble trait de Charles-Quint. Une faible sédition réprimée par la victoire, étouffée par la clémence; c'est ainsi qu'il peint l'une des révolutions les plus importantes de la monarchie espagnole! Charles fit grace aux vaincus ; mais en rendant la nation esclave : c'est à cette époque qu'il détruisit les *cortès* (états-généraux), changea les principes du gouvernement et assit les fondemens du despotisme que ses descendans après lui ont exercé sur l'Espagne.

A l'avénement de Philippe v au trône, les

armée pénétra assez avant pour mettre le siége devant Logrogno. Cette ville, par une défense vigoureuse, donna le temps aux Castillans de marcher à son secours; ils livrèrent bataille aux Français, en tuèrent plus de six mille, enlevèrent l'artillerie et les bagages, firent leur général prisonnier, et les obligèrent à se retirer et à abandonner la Navarre dans l'année même de leur conquête, en 1521. En outre, la place de Fontarabie, dont les Français s'étaient emparés, ne tarda pas à retomber au pouvoir de l'Espagne.

D'un autre côté, le roi François 1ᵉʳ tenta de recouvrer le duché de Milan, qu'il avait possédé pendant quelques années, jusqu'à ce qu'il en eût été chassé par l'Empereur, qui le vainquit en diverses rencontres. Charles-Quint, pour expulser les

---

cortès furent convoqués, la liberté pouvait rentrer en Espagne avec la nouvelle dynastie; mais deux siècles de gouvernement arbitraire, avaient effacé dans l'esprit de la nation jusqu'au souvenir de ses droits; cette assemblée ne fit rien pour les lui rendre, et, comme les princes de la maison d'Autriche, les Bourbons ont été monarques absolus.

Français d'Italie, s'allia avec le souverain pontife, Clément VII, qui avait succédé à Adrien; mais il reçut, dans les campagnes qui suivirent, peu de secours de ce pape, qui parut même, à la fin, incliner pour le parti français. Les armes impériales obtinrent, en général, de grands succès dans le cours de cette guerre opiniâtre, qui se termina enfin, glorieusement pour l'empereur, par une célèbre bataille livrée, en 1525, près de Pavie que François 1er tenait assiégée, et que défendait le vaillant capitaine Antoine de Leiva. Malgré le nombre supérieur des Français animés par la présence de leur souverain, auquel on ne peut refuser les qualités d'un valeureux guerrier, les Espagnols remportèrent un triomphe complet, faisant dans cette journée mémorable des prodiges de valeur sous les ordres et la conduite du marquis de Pescara, qui se distinguait entre les principaux capitaines, et ne le cédait à aucun en courage et en dextérité militaire. François 1er demeura prisonnier de guerre, et fut conduit, comme tel, à Madrid, où l'Empereur le visita, et lui accorda la liberté sous plusieurs conditions de grande importance; la première fut que, par une renonciation formelle aux états de Milan,

Gênes, Naples, Pays-Bas et Bourgogne, François ne donnât plus lieu à de nouvelles guerres, l'empereur ne desirant rien plus, sinon que les chrétiens, en paix entr'eux, dirigeassent leurs forces contre les infidèles. Ces conditions furent acceptées par le roi prisonnier dans un concordat solemnel signé à Madrid et portant cette clause : que si ce souverain ne pouvait les remplir, il retournerait volontairement dans sa prison, ce à quoi il engagea sa foi et sa parole royale. Malgré des promesses si formelles, ce pacte ne fut pas exécuté ; le roi de France s'y refusa, et envoya à Charles-Quint des ambassadeurs qui lui firent des propositions si différentes, que celui qui avait reçu la loi semblait prétendre à la faire. Il en résulta, non-seulement des guerres sanglantes entre l'Espagne et la France, mais même des défis particuliers entre l'empereur et le roi de France, comme de chevalier à chevalier et suivant les règles du point d'honneur.

Pendant la prison du monarque français à Madrid, la puissance de l'empereur en Italie s'accrut par la possession de plusieurs grandes villes, et il paraissait que la péninsule entière devait bientôt tomber en son pouvoir. Dans cette crainte, le pape

Clément VII, les Vénitiens et le duc de Milan, François Sforce lui même, que l'empereur venait de rétablir dans ses biens, se coalisèrent secrétement contre le vainqueur. Ils firent, au marquis de Pescara, commandant de l'armée impériale, des propositions indignes pour l'engager à tourner ses armes contre le roi son maître, et lui offrirent même le royaume de Naples. Mais ce loyal chevalier l'instruisit de ce projet inique, et ceux qui avaient tenté la fidélité de Pescara, se voyant découverts, furent forcés de recourir à des moyens moins infructueux.

En conséquence, ils formèrent une ligue, qu'ils appelèrent *Ligue de la liberté Italique*, ou *Clémentine*, dans laquelle, outre le souverain pontife, la république de Venise et le duc de Milan, entrèrent les Français, les Anglais, les Florentins, et presque tous les petits princes d'Italie. Les Impériaux opposèrent leurs forces à celles de la ligue; et le connétable de Bourbon, qui, brouillé avec sa cour, avait passé au service de l'Espagne, et donné des preuves de valeur distinguées à la bataille de Pavie et dans d'autres occasions, marcha contre Rome à la tête de l'armée impériale, l'assaillit avec vigueur, et perdit la vie dans l'action. Le prince d'Orange lui succédant dans le commandement, les troupes entrèrent dans la ville, la saccagèrent, la détruisirent pendant l'espace de sept jours avec une incroyable furie. Après avoir fait un terrible carnage des ligués, ils forcèrent Clément VII à se retirer dans le château Saint-Ange avec quelques cardinaux et quelques autres de ses partisans; là ils le bloquèrent et le resserrèrent, au point que le pape rendit le château où il demeura prisonnier sous une forte garde d'Espagnols.

Quoique Charles-Quint eût de justes motifs de guerre contre Clément, quand ce n'eût été que pour la violation de la trève que, peu de temps avant le sac de Rome, ce pontife avait conclue, par l'entremise de l'ambassadeur Hugues de Moncade, avec l'empereur auquel il avait des obligations particulières; cependant ce monarque religieux n'approuva point les insultes et les violences effrénées que ses troupes avaient commises dans la capitale du monde chrétien : au contraire, il en fut touché de manière qu'à la réception de cette nouvelle, il fit suspendre les réjouissances publiques par lesquelles on célébrait à Valladolid la naissance du prince, qui fut depuis Philippe II, fils aîné de Charles-Quint et de son épouse Isabelle, sœur du roi de Portugal don Juan III et petite-fille des rois catholiques.

Sous le prétexte de mettre en liberté le souverain pontife, François 1er envoya en Italie une nouvelle armée qui, dans le principe, remporta d'assez grands avantages, prit Gênes et Pavie, et bientôt, entrant dans le royaume de Naples, mit le siége devant la capitale. Mais la valeur des Impériaux, quoique réduits à un petit nombre, et une maladie pestilentielle qui se déclara parmi les Français, les obligèrent à se retirer en abandonnant toutes leurs conquêtes. Après cette retraite, le pape voyant avec douleur sa cour dominée par des étrangers et son parti déja très-affaibli, l'heure desirée vint enfin de rendre à l'Italie le repos dont elle avait été privée depuis si long-temps. L'empereur, après s'être réconcilié avec le pontife à des conditions honorables, fit la paix avec François 1er à Cambrai, en 1529, stipulant à deux millions d'écus d'or la rançon du dauphin et de son frère cadet, que le roi de France avait livrés en otages pour la sûreté de l'accomplissement des conventions passées à Madrid. François s'obligea en outre à se désister de ses prétentions sur la Flandre et autres domaines; et épousa depuis l'infante dona Léonor, sœur de Charles-Quint.

Cette paix fut générale; le pape, le roi d'Angleterre, et tous les princes et républiques d'Italie, excepté Florence, y furent compris. Charles passa bientôt à Boulogne et y reçut des mains du souverain pontife la couronne impériale avec la plus grande pompe. Il eut la générosité d'oublier tous les sujets de ressentiment que lui avait donnés par son ingratitude François Sforce, et lui conféra de nouveau l'investiture du duché de Milan. En peu de temps il réduisit par les armes les Florentins à l'obéissance d'un neveu du pape, nommé Alexandre de Médicis, auquel il donna le titre de duc, en le mariant avec Marguerite d'Autriche, sa fille naturelle.

D'Italie l'empereur passa en Allemagne, où il fit couronner roi des Romains son frère, l'infant don Fernand, déjà roi de Hongrie et de Bohème. L'empereur turc Soliman, fit une invasion dans ces royaumes; mais Charles-Quint, à la tête d'une armée composée de troupes de tous les princes de l'Empire, l'obligea à se retirer avec une perte considérable et en désordre;

exploit qui ne fut pas l'un des moins brillans de l'empereur, tant par les forces innombrables que son orgueilleux ennemi traînait à sa suite, que par la gravité de l'entreprise dans laquelle il ne s'agissait rien moins que de la liberté ou de la destruction des puissances chrétiennes.

L'empereur retourna en Espagne par l'Italie; dans ces entrefaites, Barberousse, pirate intrépide, qui avait long-temps infesté les côtes de la Méditerranée, dépouilla du royaume de Tunis, Muley Hassen, feudataire des rois de Castille. Ce prince vint implorer le secours de Charles, qui, le prenant sous sa protection, équipa une flotte pour Tunis, et après s'être emparé de vive force du fort de la Goléte qui défend l'entrée de ce port africain, et que Barberousse avait fortifié avec soin, il le força à la fuite, et entra victorieux dans Tunis en 1535. Là, il mit en liberté un nombre considérable de captifs chrétiens, parmi lesquels il se trouvait des Français; et restituant généreusement à Muley Hassen sa couronne, il détruisit le fort de la Goléte qui servait d'abri aux pirates, et rendit ainsi la liberté à la Méditerranée, sur laquelle cependant Barberousse, avec le secours du Grand-Turc, continua encore, par la suite, à désoler les chrétiens.

CHAPITRE XVII.

Fin du règne de Charles-Quint.

Les occasions de manifester son génie actif et belliqueux ne manquèrent jamais à Charles-Quint, car son règne, presque entier, fut une série continuelle de campagnes. Quand même il aurait voulu éviter la guerre, sa prospérité, qui excitoit l'envie de tant et de si puissans ennemis, le lui aurait rendu difficile. Le principal d'entre eux, qui était le roi de France, l'inquiéta de nouveau au sujet du duché de Milan, à l'occasion de la mort du duc François Sforce. La guerre se renouvela, et François 1er emporta diverses places du Piémont. L'empereur, de son côté, non-seulement réprima l'ardeur des Français, mais conquit quelques villes de Provence et mit le siége devant Marseille; mais il ne put le continuer en raison des maladies qui se déclarèrent dans son camp. Garcilaso de la Vega, qui, après avoir illustré de sa plume la poésie castillane, suivait la carrière des armes, avec une valeur proportionnée à sa naissance, fut tué dans l'assaut donné à une tour près de Nice. L'empereur indigné de la mort malheureuse de ce poëte aimable et soldat valeureux, fit pendre tous les paysans qui défendaient cette tour. (1)

En Flandre et en Picardie, les progrès de Charles-Quint furent très-lents; et à la fin, à la médiation du pape Paul III, successeur de Clément, une trêve de dix ans fut conclue à Nice avec le roi de France, et les deux souverains s'étant réconciliés, Charles rentra en Espagne.

Il comptait si fort sur cette réconciliation, que l'année suivante, en 1539, ayant à se rendre en Flandre pour réprimer un soulèvement des Gantais, il passa par la France et logea dans le palais de François Iᵉʳ, qui le traita avec une magnificence généreuse. Mais, malgré de telles démonstrations d'amitié et de bonne foi, le

---

(1) Le poëte eût, sans doute, comme l'historien, immortalisé un pareil trait d'injuste barbarie.

roi de France, qui n'avait jamais renoncé sincèrement au droit qu'il croyait avoir sur le Milanais, réitéra ses prétentions quoiqu'il n'ignorât pas que l'empereur était résolu à n'y point condescendre. Enfin il rompit la trève, alléguant, pour colorer cette rupture, que deux ambassadeurs qu'il envoyait à Constantinople, avaient été assassinés en Italie : attentat qu'il attribuait à une disposition secrète du gouvernement espagnol.

François Ier crut avoir trouvé une occasion favorable pour attaquer Charles-Quint; ce prince venait en effet d'éprouver une déroute fatale à Alger; il s'était embarqué, avec une puissante escadre, pour en faire la conquête, et à peine avait-il effectué le débarquement, lorsqu'une tempête furieuse détruisit la majeure partie de ses navires, de manière que, sans avoir commencé à combattre, il fut obligé de se retirer, supportant avec une fermeté héroïque cette adversité imprévue.

Le roi de France commença la guerre contre l'empereur, de plusieurs côtés à la fois. Le dauphin mit le siége devant Perpignan, mais il éprouva devant cette place une résistance si vigoureuse, qu'il fut forcé de le lever. Le duc d'Orléans, dans le Luxembourg, et celui de Clèves en Brabant, remportèrent quelques avantages ; mais les impériaux recouvrèrent une grande partie de leurs pertes, et forcèrent le duc de Clèves à demander quartier. En Piémont, les Français firent des progrès plus rapides, et gagnèrent, près de Carignan, une bataille importante. L'empereur, allié avec le roi d'Angleterre, Henri VIII, entra en France, renversant tout ce qui lui opposait résistance ; mais on n'en vint point à une affaire décisive, les Français ayant redouté la supériorité des forces de Charles qui s'approchait de Paris, et avait semé l'effroi dans cette capitale et dans tout le pays qui l'entoure. Finalement la paix conclue en 1544, par la ratification que donna François I_{er} à la renonciation à ses droits sur Milan, Naples et autres pays, termina cette guerre, la dernière qu'il eut contre Charles-Quint.

Aussitôt que les discordes funestes entre l'Espagne et la France furent terminées, l'empereur s'occupa uniquement de celles qui affligeaient l'Allemagne, et dont la source était la propagation de l'hérésie de l'opiniâtre Luther, favorisée par plusieurs princes, et particulièrement par le duc électeur de Saxe et par le landgrave de

Hesse. Charles-Quint fit l'un et l'autre prisonnier, après une guerre dans laquelle il déploya, non-seulement son courage, mais encore son adresse et sa sagacité. En effet, il sut attendre que le pouvoir des ennemis s'affaiblît de lui-même, effet inévitable d'une ligue, comme celle des protestans, formant un corps à plusieurs têtes, et dont l'armée ne subsistait que par les contributions de différentes villes qui devaient être promptement fatiguées de ces charges insupportables. Les révolutions que l'hérésie causait en Allemagne, furent alors appaisées, et le zèle diligent de Charles les aurait pour jamais étouffées, si Henri II, successeur de François 1er, n'eût détourné l'empereur, en lui suscitant de nouvelles guerres. Elles firent décheoir sensiblement la puissance des impériaux; et le puissant parti des luthériens obtint la liberté de conscience que dans d'autres circonstances on n'eût jamais tolérée. Les Français s'emparèrent de la ville de Metz en Lorraine, et l'empereur fit de vains efforts pour la recouvrer. D'autre part le Turc commettait de fréquentes hostilités, et ces disgraces réunies épuisèrent en quelque sorte la constance de Charles-Quint. Enfin fatigué de la guerre, tourmenté par des infirmités et particulièrement de la goutte, il donna l'exemple le plus rare et le plus public de désabusement du monde et de sa vaine gloire, renonçant à la couronne d'Espagne, qu'il remit à son fils Philippe II, et à l'Empire en faveur de Ferdinand son frère, roi des Romains. Il se retira dans le monastère des hiéronimites d'Yuste, à sept lieues de Plaisance en vieille Castille. Il y vécut en simple particulier depuis l'an 1556 où il fit abdication, jusqu'en 1558, où il mourut après avoir consacré les deux dernières années de sa vie à des exercices de piété, à l'édification de tout le monde chrétien, qui n'admira pas moins la magnanimité avec laquelle Charles sut mépriser la gloire mondaine, que les nobles travaux par lesquels il l'avait acquise.

Pour la défense de ses Etats et le progrès de la religion, il fit neuf voyages en Allemagne, six en Espagne, sept en Italie, dix en Flandre, quatre en France, deux en Angleterre et deux autres en Afrique; huit fois il navigua sur l'Océan et deux fois sur la Méditerranée. Du temps de cet empereur on commença à donner aux rois d'Espagne le titre de *majesté*, au lieu de celui d'*altesse* qui, jusque-là, était en usage; à la même époque s'établit, d'une manière formelle, la dignité de Grands d'Espagne, connue auparavant sous le nom de *Riches-Hommes*. Il réorganisa le conseil d'Etat, et établit celui des Indes dont les affaires, depuis le règne des rois catholiques, étaient traitées par quelques ministres tirés des autres tribunaux. Il céda à l'ordre de Saint-Jean de Jérusalem l'île de Malte, après que les Turcs eurent conquis sur les chevaliers l'île de Rhodes. La chrétienté est en outre redevable à son influence particulière, de la convocation du concile de Trente, qui commença en 1545, et ayant été interrompu plusieurs fois, ne fut terminé qu'en 1563, sous le règne de Philippe II.

Le desir de ne pas interrompre le récit des entreprises de Charles-Quint en Europe, nous a empêché de faire mention des exploits par lesquels le nom espagnol s'illustra dans les Indes occidentales.

Depuis que Christophe Colomb eut trouvé le nouveau monde, de nouvelles découvertes et des conquêtes ne cessèrent d'immortaliser les noms d'un grand nombre de navigateurs et de guerriers espagnols; tels furent Alonze d'Ojeda, Diegue de Nicuesa, Vasco-Nugnes de Balboa, Jean Ponce de Léon, Jean Diaz de Solis, Rodrigue de Bastidas; François Fernandez de Cordoba, Jean de Grijalva, et autres non moins dignes de mémoire. Dans ce nombre se distingua sur-tout par son rare courage, sa pénétration et son zèle patriotique, Hernan Cortez, natif de Medellin en Estremadure, qui, en 1521, acheva heureusement la découverte et la conquête du royaume du Mexique, ou Nouvelle-Espagne. Pour faire juger de son intrépidité héroïque, il suffit de ce seul trait : il fit couler à fond ses vaisseaux pour ôter à ses soldats l'espérance du retour et les forcer à vaincre ou à mourir. Cette conquête extrêmement importante et vraiment admirable, comme l'appelle son élégant historien, don Antoine de Solis, fut suivie, peu d'années après, de celle du Pérou, que François Pizarre, autre courageux Estremadurien, soumit à la domination espagnole, après avoir vaincu des obstacles incroyables.

Fernand de Magallanès, portugais, au service d'Espagne, avait précédé ces deux conquérans, et découvert en 1519, par une nouvelle et dangereuse navigation, le détroit appelé *de Magallanès*, et par corruption, en français, de *Magellan*.

CHAPITRE XVIII.

Commencemens du règne de Philippe II.

Don Philippe II le Prudent, 1556.
QUOIQUE la monarchie, lorsque Philippe II commença à la gouverner, fût arrivée, après tant de conquêtes, à son dernier point d'agrandissement, il est cependant vrai de dire que les guerres continuelles que Charles-Quint avait soutenues l'avaient épuisée de chefs et de soldats, outre que la population commençait d'ailleurs à diminuer par l'émigration nombreuse des vassaux pour les Indes. Il eût été plus convenable dans une pareille situation, d'aspirer, plutôt qu'à l'acquisition de nouveaux domaines, à la défense, à la culture et au bonheur de ceux déja conquis, et il paraît qu'une telle conduite aurait assuré à l'Espagne une puissance proportionnée à l'extension de ses possessions. Mais Philippe II voulut imiter son père; être guerrier comme lui. Il fut moins heureux et la nation, sous son règne, vit naître la décadence qui, comme nous le le verrons, se fit sentir davantage du temps

de son fils Philippe III, s'accrut encore sous son petit-fils Philippe IV, et enfin, devint extrême sous son arrière-petit-fils Charles II, dernier roi de la maison d'Autriche.

Philippe n'était pas soldat comme son père; il ne fut pas présent dans les combats; mais il avait plus de talens politiques, (ce qui lui fit donner le surnom de *Prudent*) plus de ruse et de dextérité, plus de constance dans les dangers et les adversités; et de son cabinet il sut commander et se faire craindre autant que Charles-Quint à la tête de ses armées.

Avant que cet empereur eût abdiqué la couronne, son fils le prince don Philippe, veuf de la princesse dona Maria de Portugal, avait épousé en secondes noces Marie reine d'Angleterre, fille de Henri VIII et de Catherine d'Arragon; par ce mariage il fut proclamé roi d'Angleterre. Il réconcilia les Anglais avec le Saint-Siége, auquel ils avaient refusé l'obéissance; mais la reine Marie étant morte depuis sans enfans, la couronne passa à sa sœur Elisabeth qui favorisa les protestans et donna lieu à de graves différens entre l'Espagne et l'Angleterre.

Les Espagnols et les Français étaient

demeurés, depuis les discordes antérieures, très-disposés à reprendre les armes; et en effet ils ne tardèrent pas à y courir : les Français commencèrent en envoyant des secours au pape Paul IV, qui, confédéré avec eux, attaqua le roi catholique dans le royaume de Naples. En vain ce monarque adressa-t-il à diverses reprises des représentations amicales et prudentes pour éviter le trouble et le scandale de la chrétienté. Le pape ayant arrêté un ambassadeur et un ministre du roi don Philippe, le duc d'Albe entra dans l'État de l'Église, et après s'être emparé du port d'Ostie et de diverses autres villes, il s'avança à la vue de Rome, mais n'osa point renouveler le fatal carnage que cette capitale avait souffert lorsque le duc de Bourbon la saccagea. Les opérations militaires de celui d'Albe, quoique moins sanglantes, suffirent pour que le pape, renonçant aux entreprises où l'avait engagé l'inquiète ambition de ses neveux les Caraffes, consentît enfin à accepter la paix qui lui était offerte par l'Espagne.

Lorsqu'il s'y résolut, les Français avaient déjà été obligés de l'abandonner pour courir à la défense de la province de Picardie, où l'armée du roi don Philippe avait pénétré.

nétré, et assiégeait Saint-Quentin. Près de cette ville fut livrée en 1557 une bataille mémorable dans laquelle les Espagnols remportèrent une victoire si complette, qu'ils prirent cinquante-deux bannières, dix-huit étendarts, tout le bagage et l'artillerie, et firent prisonnière une nombreuse noblesse Française. Le roi, qui était en Flandre, se rendit au camp et ordonna l'assaut de Saint-Quentin. Cette place fut en effet emportée, et celles du Câtelet de Ham et de Noyon eurent le même sort. Le gain de la bataille de Saint-Quentin ayant eu lieu le jour de saint Laurent, donna lieu à Philippe II de dédier à ce saint martyr espagnol, le somptueux et célèbre temple qu'il fit construire à l'Escurial, y fondant en même temps un monastère de Hieronimites et laissant, dans cette admirable fabrique, le plus insigne monument de sa piété et de sa magnificence, comme de son goût (1) pour les beaux arts et du

---

(1) Ce monument, véritablement immense, atteste le mauvais goût de ce siècle et du prince qui l'a élevé. Il est construit dans la forme d'un gril, en mémoire du martyre de saint Laurent, qui, comme on sait, fut brûlé sur une espèce de gril.

G.

soin avec lequel il les honorait et les protégeait.

Une autre déroute, presque non moins funeste, que les Français essuyèrent à la bataille de Gravelines, les abattit au point qu'ils firent des propositions de paix. Elle fut conclue en 1559, à des conditions avantageuses pour l'Espagne; et pour plus grande sûreté de ce traité, le roi don Philippe épousa en troisièmes noces *Isabelle*, surnommée par cette raison, *de la Paix*, fille de Henri II de France.

Dans la même année le roi confia à sa sœur naturelle, Marguerite, déjà duchesse de Parme, le gouvernement des Pays-Bas auquel aspiraient le prince d'Orange et les comtes de Horn et d'Egmont. Poussés par le ressentiment et le desir de la vengeance, ils profitèrent de l'occasion que leur fournissait l'agitation des Flamands, mécontens de la rigueur avec laquelle Marguerite, au nom et par ordre de Philippe II, veillait à maintenir la pureté de la religion catholique: de sévères châtimens étaient infligés à ceux qui adhéraient aux nouvelles opinions de Luther et autres hérésiarques sortis de son école, qui avaient infesté presque toutes les puissances du Nord. La noblesse et le peuple se révoltèrent, couvrant leurs plaintes du prétexte (1) des tributs que le ministère espagnol exigeait d'eux, et de l'établissement du tribunal de l'Inquisition. Le roi qui déja était de retour en Espagne, ne crut pas sa présence et son autorité nécessaires en Flandre, et ne suivit point l'exemple de son père qui y était accouru pour appaiser le tumulte de la ville de Gand, bien moins dangereux que le soulèvement de tous les Pays-Bas. Il se contenta d'y envoyer le duc d'Albe, don Fernand Alvarez de Tolède, capitaine le plus habile et le plus respecté de ce temps, lui confiant des troupes et des pouvoirs absolus pour la répression des mécontens. Un grand nombre d'entr'eux, particulièrement des artisans et des commerçans passèrent en Allemagne, et dans d'autres Etats voisins; les autres prirent les armes. Le duc d'Albe se saisit des comtes d'Egmont et de Horn et leur fit trancher la tête à Bruxelles; mais le prince d'Orange, implora le secours de quelques princes protestans, et opposa une armée à celle du duc. Ce fut l'origine de la guerre la plus sanglante dans laquelle les rebelles éprouvèrent des

(1) Un prétexte qui force des classes presque entières du peuple à chercher au loin une patrie!

défaites considérables et alternativement commirent de grands dégâts, détruisant et saccageant les temples et les trésors des catholiques. Le génie du duc d'Albe, incapable de réflexion, était, dans de telles circonstances, plus propre à irriter qu'à ramener les esprits; et le grand nombre de supplices qu'il infligea, loin de guérir le mal, l'aggravèrent. Lorsque Philippe II voulut appliquer des remèdes moins violens, il était déja trop tard. Sa politique, grande en théorie, lui fut inutile dans la pratique; après avoir commencé à réprimer la rebellion avec une sévérité excessive, il se vit forcé à recourir à la clémence, lorsque les insurgés avaient acquis tant de force, qu'ils la regardèrent, moins comme une véritable clémence que comme une preuve de faiblesse et refusèrent, en conséquence, tous les accommodemens que ce monarque leur offrait. A la fin, le duc d'Albe se retirant, les Etats de Flandre furent successivement gouvernés par le duc de Medina Celi; don Louis de Zugniga et Requesens, grand-commandeur de Castille; don Juan d'Autriche, frère naturel de Philippe; Alexandre Farneze, duc de Parme, fils de Marguerite; et les archiducs Ernest et Albert, neveux du roi. Tous se conduisirent avec moins de rigueur que le duc d'Albe, et tous employèrent la valeur et la prudence, tantôt à abattre, tantôt à gagner les rebelles; mais ces derniers avaient acquis une puissance extraordinaire. La majeure partie de la Flandre secoua le joug de la domination espagnole, refusa l'obéissance à Philippe II, brisa le sceau royal; et la république de Hollande commença à jouir de la liberté politique et religieuse dans laquelle elle s'est maintenue sous le titre d'Etats généraux des provinces unies des Pays-Bas.

Si l'on considère le courage et la constance avec lesquels les Espagnols combattirent pendant la longue guerre de Flandre, et les entreprises difficiles qu'ils tentèrent, plus d'une fois avec succès, on croira que le roi don Philippe aurait réduit ces Etats à l'obéissance, s'il n'avait pas employé ses forces à d'autres expéditions, telles que celles qu'il entreprit contre les Moresques de Grenade, contre le Turc, contre le Portugal, contre l'Angleterre, et en faveur de la ligue qui s'opposait en France au roi Henri IV et au parti des Calvinistes. On trouvera dans les deux chapitres suivans, une notice de ces différentes guerres.

CHAPITRE XIX.

Continuation du règne de Philippe II.

A LA fin de l'année 1568, les Moresques ou nouveaux chrétiens de la ville et du royaume de Grenade commencèrent un soulèvement qui causa de grandes inquiétudes. On leur avait interdit la pratique de quelques rits superstitieux dont ils avaient hérité des Mores leurs aïeux, et par divers réglemens on avait tenu la main à l'exacte observance des lois du christianisme qu'ils venaient d'embrasser, et on les avait assujettis à parler la langue castillane et à se vêtir comme les vieux chrétiens. Ces nouveautés trop dures et sensibles pour une race inquiète, récemment conquise et attachée avec ténacité aux usages et coutumes de ses ancêtres, lui servirent d'aiguillon et de prétexte pour se confédérer par des intelligences secrètes et enfin pour prendre les armes au moment où le gouvernement espagnol s'y attendait le moins. Les Moresques élurent, pour souverain, Aben Humeya, homme considérable parmi eux, lui donnèrent le titre de roi de Grenade et de Cordoue, et commencèrent à commettre des hostilités barbares contre les chrétiens qui se trouvèrent alors en grand danger de perdre ce royaume et d'y voir rétablir la domination et la secte mahométanes. Mais au bout de deux ans de guerre, les rebelles furent assujettis, malgré la résistance obstinée qu'ils opposèrent, comptant sur les secours qu'on leur envoyait d'Afrique, et sur l'anfractuosité des montagnes appelées *Alpujarres*, dont il était très-difficile de les déloger. Don Diègue Hurtado de Mendoce rapporte les succès de cette guerre avec tant de soin, d'énergie et de noblesse de style, que nous ne pouvons que recommander particulièrement la lecture d'une histoire aussi bien écrite dans toutes ses parties.

La guerre contre les Turcs dura quelques années, quoique avec quelques interruptions. En 1558, une escadre ottomane vint à Minorque, et les troupes qui en débarquèrent après avoir pris d'assaut la ville appelée *Citadelle*, commirent, dans l'île assez de dégâts; mais à la fin elles se retirèrent, se voyant très-diminuées. Les pirateries du capitaine Dragut, gouverneur de Tripoli, qui s'était emparé de l'île des Gelbes ou Gerbes, obligèrent à rassembler une petite escadre pour entreprendre la conquête de cette île. Cette expédition échoua, tant par la vigoureuse défense que Dragut y opposa, et par les maladies et la rareté des vivres que les chrétiens eurent à souffrir, que par l'arrivée de la flotte turque, devant laquelle la nôtre prit la fuite en perdant la majeure partie de ses galères et de ses équipages. Les Turcs mirent, depuis, le siége devant Mazarquivir et Oran; mais ils furent repoussés devant ces deux forteresses, par la valeur des troupes espagnoles, sous les ordres de don Martin de Cordoue. Le pic de Velez qui, comme nous l'avons dit, était tombé au pouvoir de don Fernand le catholique, et qui avait été reconquis par les musulmans sous le règne de Charles-Quint, se rendit, en 1564, aux armes de Philippe II, dirigées par deux grands généraux, don Sancho Martinez de Leiva et le marquis de Santa-Cruz don Alvare de Bazan. Selim, empereur des Turcs, sensible à cette perte, attaqua l'île de Malte, mais par le secours opportun qu'y envoya Philippe II, les infidèles furent obligés de se retirer avec perte.

Enfin, Selim engagé à la conquête de l'île de Chypre, alors possédée par les Vénitiens, s'empara de la ville de Nicosie, et peu de temps après de celle de Famagouste. La république de Venise forma une ligue avec le pape Pie V et avec le roi d'Espagne pour réprimer l'arrogance des Ottomans ; en 1571, on équipa une flotte de plus de deux cents navires montés par cinquante mille hommes de diverses nations (quoique d'autres contestent ce nombre); le commandement en fut confié au vaillant et habile général don Juan d'Autriche. Les deux escadres, chrétienne et turque, se rencontrèrent dans le golfe de Lepante ou de Corinthe, près de l'île de Céphalonie ; là, fut livré un combat terrible, à jamais glorieux pour les armes catholiques ; l'orgueil des mahométans, qui y perdirent leur général, en demeura écrasé. Deux cents de leurs galères y furent prises ou coulées à fond : le nombre de leurs morts et de leurs prisonsonniers monta à vingt-cinq mille, et vingt mille chrétiens, esclaves rameurs, furent rendus à la liberté.

Deux années après ce mémorable combat naval, malgré la paix faite avec l'empire par les Vénitiens, séparés de la ligue, don Juan d'Autriche marcha avec une autre flotte contre Tunis, et s'empara facilement de cette ville, dont les habitans avaient pris la fuite. Il la saccagea, et rendit le gouvernement du royaume à Muley Hamez, fils de Muley Hassen, envers lequel l'empereur Charles-Quint avait déjà usé d'une semblable générosité. La ville de Biserte se rendit bientôt volontairement à don Juan, qui retourna en Sicile après y avoir laissé garnison. Tandis que par les ordres de don Juan, on construisait, entre Tunis et le fort de la Golette, un château pour la défense de cette ville, une escadre turque se présenta devant ces deux places; d'autre côté elles furent assiégées par une armée de terre, commandée par les beys d'Alger et de Tripoli, qui, au prix de beaucoup de sang, s'emparèrent de la Golette et se rendirent maîtres absolus de la ville et du royaume de Tunis, en 1574.

CHAPITRE XX.

Fin du règne de Philippe II.

La réunion de la couronne de Portugal à celle de Castille, fut l'un des événemens les plus signalés du règne de Philippe II. Depuis que le Portugal, comme nous l'avons vu dans le chapitre VIII, s'était séparé de l'Espagne, il avait été gouverné par dix-sept rois dans l'espace de quatre siècles et demi. Le pénultième fut don Sébastien, qui mourut sans enfans, dans une expédition malheureuse qu'il fit en Afrique, et le dernier son oncle, le cardinal don Henri le Chaste, qui mourut en 1580. Le sceptre portugais passa alors au roi don Philippe, comme petit-fils du roi don Manuel de Portugal, par sa mère l'impératrice Isabelle. Au juste droit de Philippe II, le duc de Bragance, celui de Parme, celui de Savoie, et don Antoine, prince d'Ocrato, fils illégitime de l'infant don Louis de Portugal, opposèrent leurs prétentions respectives. Don Antoine, qui avait pour lui la noblesse et le peuple, se fit proclamer roi ; et Philippe fut obligé de recourir aux armes pour se défaire de ce compétiteur, et s'assurer du trône qui lui était disputé par lui et par ses autres rivaux. A cet effet, il mit à la tête d'une forte armée, le duc d'Albe qui, après avoir quitté le gouvernement de Flandre, se trouvait alors retiré à Uceda par ordre du même roi ; la confiance avec laquelle ce monarque choisit, pour cette entreprise, un vassal offensé, n'est pas moins rare que la loyauté avec laquelle le duc, oubliant ses ressentimens particuliers, se sacrifia au service de sa patrie. En peu de temps il mit en déroute les troupes de don Antoine, et l'obligea à prendre la fuite. Lisbonne se rendit, et le royaume entier de Portugal soumis prêta le serment d'obéissance à Philippe II, qui, de son côté, confirma tous ses priviléges et accorda une amnistie à tous ceux qui avaient servi contre lui. Le prince d'Ocrato, déclaré rebelle, passa en Angleterre, implorant des secours, et depuis en France, où il trouva plus d'appui, car on lui donna soixante et dix voiles et six mille huit cents Français. Avec ce secours, il fit voile pour Tercere, qui était à sa dévotion, dans le dessein de s'y fortifier, et d'entreprendre la reprise du Portugal lorsqu'il se trouverait assez puissant pour le reconquérir. Mais ses desseins furent déjoués : une escadre espagnole, commandée par le marquis de Santa-Cruz, sortit à la rencontre de la flotte française, et la battit complettement. Don Antoine ne se trouva point à la bataille, s'étant réfugié à temps dans l'île de Tercere. Il quitta cette île pour repasser en France, en y laissant un gouverneur, et y envoya une forte garnison composée de Portugais, de Français et d'Anglais. Malgré ces forces, le marquis de Santa-Cruz, paraissant devant Tercere avec une autre escadre, la soumit au roi son maître.

Philippe II, incorporant à sa couronne le royaume de Portugal, acquit, par conséquent, les vastes possessions qu'avaient découvertes et conquises dans les Indes occidentales et orientales, les Portugais dont la valeur et l'expérience navale brillèrent avec éclat dans les Deux-Mondes.

Le roi don Philippe tourna aussi ses armes contre Elisabeth d'Angleterre, qui, fomentant l'hérésie au-dedans et au-dehors de son royaume, avait envoyé des secours aux Flamands révoltés. Les corsaires anglais poursuivaient les navires espagnols; François Drake, entr'autres, s'était rendu redoutable par ses incursions à Saint-Domingue, à Carthagène, en Floride, à la Jamaïque et dans d'autres parages. En outre, Elisabeth avait fait injustement trancher la tête à Marie Stuart, reine d'Ecosse, et les catholiques d'Irlande, maltraités par les protestans anglais, imploraient la protection de Philippe II. Tels furent les motifs qui déterminèrent ce monarque à ordonner, en 1588, l'armement d'une escadre, qui, la plus formidable qu'on eût vue sur les mers à cette époque, reçut le nom de *l'Invincible*. Il en conféra le commandement au marquis de Santa-Cruz, et ce brave et habile général étant mort, il le confia au duc de Medina Sidonia. Mais cet armement formidable, après avoir éprouvé deux bourasques, essuya une tempête encore plus terrible près des côtes de Hollande. Les bâtimens dispersés, n'ayant point de refuge, furent attaqués par les escadres anglaise et hollandaise, qui, quoique inférieures, profitèrent du désordre où la fureur des élémens avait mis la nôtre. Les Espagnols combattirent contr'eux et contre l'ennemi, mais tout leur courage ne suffit pas pour éviter la perte funeste et presque entière des bâtimens et des troupes qui les montaient. La nouvelle de cette disgrace répandit la consternation dans l'Espagne, qui y perdit la fleur de ses armées et de ses forces maritimes. Philippe seul conserva son courage et sa sérénité ; il dit, en recevant cet avis : « Je ne les avais pas envoyé combattre contre les tempêtes, mais contre les Anglais. » La reine Élisabeth, animée par cette espèce de victoire, qu'elle devait aux contre-temps de la mer, dépêcha une escadre de soixante et dix vaisseaux pour faire tout le dégât possible dans les rivières de Galice et de Portugal. Les troupes anglaises débarquèrent au port de la Corogne et assaillirent la place ; mais elles furent repoussées avec intrépidité, et se retirèrent sans avoir fait autre chose que saccager le faubourg de la ville ; ils firent une semblable tentative contre Lisbonne, dont le succès se réduisit également au ravage du dehors de cette place.

En 1596, les Anglais revinrent en Espagne, avec une nouvelle flotte, et débarquant près de Cadix, s'emparèrent de la ville, la ravagèrent et se retirèrent en Angleterre avec de riches dépouilles.

Philippe II fit armer de nouveau quatre-vingts vaisseaux contre les Anglais ; mais cette escadre éprouva le même malheur que la précédente, par les coups de vent qui la dispersèrent, par deux fois, sur les côtes de Galice ; ensorte que, malgré les soins et les frais exorbitans par lesquels le roi s'efforçait de tenir sa marine en bon état, il ne put empêcher que celle des Anglais ne détruisît, par des courses incessantes, un grand nombre de nos possessions d'Europe et des Indes.

Pour completter la notice générale des principales expéditions qui détournèrent Philippe II de l'entreprise de Flandres, il reste à parler de la protection que donnèrent ses armes à la ligue catholique, formée, en France, contre les calvinistes et les huguenots, qui reconnaissaient pour leur chef Henri IV de Bourbon, déclaré héritier de cette couronne. En 1589, aussitôt après l'assassinat de son prédécesseur Henri III, les ligueurs eurent recours à l'appui de Philippe II (1), qui leur fournit

---

(1) Il est prouvé que la ligue devait à Philippe son existence et sa force long-temps avant qu'elle eût pour prétexte l'exclusion d'un prince protestant ; et les secours qu'elle en reçut encore après l'abjuration d'Henri IV, démontrent que Philippe n'avait en vue que le démembrement de la monarchie française.

un secours d'hommes et d'argent, et soutint pour eux une guerre onéreuse en Bretagne, en Picardie, en Languedoc et en Dauphiné. Le duc de Parme, Alexandre Farneze, abandonna, par ordre du roi, le gouvernement de Flandre pour accourir au secours de la ligue, au moment où sa présence était le plus nécessaire dans les Pays-Bas par le grand accroissement qu'avait pris le parti des rebelles, malgré la mort du prince d'Orange son premier chef, tué d'un coup de pistolet, et malgré différens succès et la conquête de diverses places réduites à la soumission par la valeur espagnole. Henri IV fut forcé, par le duc de Parme, à lever le siége de Paris, comme aussi celui qu'il vint mettre ensuite devant Rouen ; dans le même temps le duc de Savoie, gendre de don Philippe, remportait plusieurs victoires en Provence. A la fin, Henri, ôtant aux confédérés catholiques tout prétexte d'opposition à son exaltation au trône, abjura le calvinisme, et, réconcilié avec l'Eglise, fut reçu et proclamé dans Paris comme légitime souverain. Aussitôt il déclara formellement la guerre à Philippe II, qui ne cessa pas de fournir aux ligueurs des secours plus puissans à mesure que leurs forces s'affoiblissaient davantage. Les hostilités recommencèrent ; Henri prit la Fère par capitulation, et l'archiduc Albert, qui à la mort du duc de Parme lui avait succédé dans le gouvernement des Pays-Bas, s'empara de Calais et d'autres villes. Amiens eut le même sort, mais Henri IV marcha en personne pour la reprendre et y réussit, malgré les secours qu'y avoit jetés l'archiduc.

Les succès de cette guerre furent si divers et si peu décisifs ; l'argent que Philippe y avait employé sans une utilité considérable, s'élevait à une somme si énorme ; qu'il se détermina à conclure la paix avec le monarque français en 1598. Se sentant déjà très-affaibli par le travail continuel du cabinet, et par la goutte et d'autres infirmités, il reconnut que le terme de sa vie approchait et que, devant avoir pour successeur son fils le prince don Philippe qui ne passait pas sa vingtième année, la saine politique ne lui permettait pas de laisser à ce jeune prince le fardeau d'une guerre contre un rival tel que Henri IV.

Dans l'intérieur de l'Espagne, il y eut, sous le règne de Philippe II, quelques troubles, mais ils n'entraînèrent pas de grandes conséquences. Le mouvement le plus notable, après celui que nous avons rapporté des Moresques de Grenade, fut celui qui eut lieu à Saragosse en 1591. Son origine vint de ce que le secrétaire d'Etat Antonio Pérez, homme d'un génie pénétrant, arrêté à Madrid pour diverses accusations, s'évada de prison et se réfugia dans cette ville. Il trouva des défenseurs dans l'Arragon sa patrie; et le peuple de Saragosse, prétendant que ses immunités étaient violées par la manière dont on procédait contre ce secrétaire incarcéré de nouveau dans cette ville, se mutina, l'élargit de sa prison, et lui facilita les moyens de passer en France. La commotion en vint au point que le roi employa la force des armes pour la réprimer, et châtia rigoureusement les auteurs du tumulte, en commençant par don Juan de Lanuza, qui était alors revêtu de l'ancienne et respectable dignité de grand-justicier d'Arragon, et qui avait fait résistance aux troupes royales.

Peu de jours après la publication de la paix avec la France, où fut stipulée la restitution de toutes les places conquises de part et d'autre, le roi Philippe II mourut dans le monastère royal de Saint Laurent-de-l'Escurial, donnant des marques éclatantes de piété et de ferveur chrétiennes.

Quoique son génie sévère inspirât à ses vassaux plus de respect que d'amour, et malgré que par des disgraces inévitables, ou par des fautes où les plus habiles politiques sont sujets à tomber, la monarchie eût souffert sous son règne d'assez grandes pertes, sa mort fut vivement regrettée; et elle devait l'être, eu égard aux vertus vraiment royales qui le distinguaient. Les plus saillantes furent son zèle pour la défense et la propagation de la religion; son activité infatigable dans l'expédition des affaires; la fermeté héroïque avec laquelle il supportait les infortunes; sa constance à soutenir la cause qu'il croyait juste; sa libéralité envers les savans et tous les artistes, et les soins diligens qu'il donna à la fondation des établissemens utiles : tels furent le conseil royal de la chambre de Castille, qu'il revêtit d'une forme et d'une autorité nouvelles; les archives générales de Simancas; l'université et les colléges de Douai en Flandre, et l'augmentation et la dotation des écoles de Louvain; sans compter les temples, les hôpitaux, les fortifications, les ponts et les autres édifices publics qui éternisent sa mémoire. Elle est également conservée par les îles Philippines, revêtues de son nom, parce que leur découverte et leur conquête eut lieu sous son règne, ainsi que celles du nouveau Mexique et d'autres provinces des Indes.(1)

---

(1) La part active qu'eut ce prince aux troubles affreux qui déchirèrent la France sous les règnes successifs de Charles IX, de Henri III et de Henri IV ; le rôle perfide que, sous le manteau de la religion, il joua dans la ligue, ont rendu sa mémoire trop-justement odieuse aux Français ; son nom se rattache, sous un jour si défavorable, à l'histoire de tant de peuples de l'Europe ; que, malgré les éloges dont la partialité des écrivains espagnols payent le honteux tribut à son titre, il est à présumer que la postérité ne le distinguera de la foule des rois vulgaires que pour le ranger dans la classe des tyrans.

CHAPITRE XXI.

Règne de Philippe III.

Don Philippe III le Pieux, 1598.

QUOIQUE marié quatre fois, Philippe II ne laissa d'autre fils que Philippe III. Le prince don Carlos, né de son premier mariage avec Marie de Portugal, était mort à vingt-trois ans, enfermé dans un cachot par ordre de son père. Cette prison et cette mort prématurée donnèrent lieu à différens discours, qui, s'ils ne doivent pas être qualifiés de soupçons injustes, sont restés au moins dans la classe des simples conjectures, également difficiles à éclaircir par le mystère qui couvre cette affaire et ses véritables causes. De son second mariage avec Marie d'Angleterre, le roi n'eut point d'enfans comme nous l'avons déja insinué. Du troisième avec dona Isabelle de Valois, ou de la Paix, il eut deux infantes mais point d'enfans mâles : et quoique du quatrième avec Anne d'Autriche, il eût eu quatre fils, Fernand, Charles, Diego et Philippe; ce dernier seul lui survécut et commença à régner en 1598; peu de temps après il épousa sa cousine Marguerite d'Autriche.

Afin qu'on ne regarde pas comme une exagération de notre part ce que nous sommes forcés de dire du déplorable état du royaume à la fin du seizième siècle, nous rapporterons les termes propres dans lesquels l'historiographe Gil Gonzales Davila n'a pu s'empêcher de le peindre, quoique après avoir loué avec excès les actions du roi don Philippe II. « L'Espagne, dit-
« il, centre d'une monarchie si étendue,
« était seule appauvrie pour fournir au
« secours de tant de possessions; les fidèles
« royaumes de Castille particulièrement,
« étaient épuisés par les nouveaux tributs
« que Philippe II y avait établis de leur
« consentement : ce fut le principe de la dé-
« population et de la misère, qui par la
« succession du temps se sont fait sentir de
« plus en plus en Castille et ont fait tomber
« un royaume si opulent sous le poids des
« fardeaux, supérieurs à ses forces, dont on
« n'a cessé de l'accabler. Philippe se trou-
« vait si dénué de ressources, que peu de
« temps avant sa mort la nécessité l'obligea
« à demander l'aumône (ainsi fut-elle
« nommée) de porte en porte, par l'entre-
« mise de quelques personnes religieuses ;
« moyen qui lui enleva plus de crédit qu'il

« ne lui procura d'argent. Ses sujets ne
« s'en étonnaient pas peu quand ils consi-
« déraient la multitude des trésors qui
« étaient venus de l'Inde pendant son règne;
« ils remarquaient avec une curiosité his-
« torique, qu'en 1595 dans l'espace de huit
« mois, il était entré dans le port de San-
« Lucar trente-cinq millions d'or et d'ar-
« gent (1), suffisans pour enrichir les princes
« de l'Europe, et qu'en 1596 il ne restait
« pas un seul réal en Castille. *Qu'a-t-on
« fait*, se demandaient-ils, *où sont venus
« se jeter ces fleuves et ces mers si riches
« d'or?* Il restait peu de vaisseaux en mer,
« et il était indispensable d'armer pour ré-
« primer les corsaires d'Afrique et les pira-
« tes du Nord. Tel est l'état où Philippe II
« laissa ses royaumes. »

Quoique le nouveau roi Philippe III, doué
d'un génie doux et pacifique, n'entreprît
pas les mêmes guerres destructives que son
père, les autres causes de la décadence de
l'Espagne subsistèrent et même augmen-

---

(1) On compte en Espagne par réaux, dont la valeur équivaut au quart de la livre tournois. Les 35,000,000 ci-dessus ne forment en consequence que 8,750,000 liv. de France; somme considérable pour ce temps-là.

tèrent

tèrent de son temps. De nouveaux tributs furent imposés sur les comestibles et marchandises de première nécessité ; loin qu'il s'établît de nouvelles manufactures, celles qui existaient furent abandonnées ; les trésors du Nouveau-Monde n'entraient en Espagne que comme par transit, et pour passer dans les mains des nations étrangères. Cet abandon et celui de l'agriculture amenèrent la chute du commerce actif. Le roi par une mesure irréfléchie aggrava tous ces maux : il fit doubler la valeur de la monnoie de billon ; cette loi fit aussitôt monter le prix des denrées et les étrangers en échange de notre argent introduisirent de grandes quantités de monnoie de cuivre fabriquée par eux. Chaque jour la dépopulation devenait plus sensible ; et tandis que quelques courtisans s'enrichissaient en gouvernant despotiquement le royaume, les vassaux appauvris conservaient les idées élevées du pouvoir et de la splendeur dont ils avaient joui pendant quelque temps, sans qu'il leur restât des moyens suffisans pour soutenir une pompe, autrefois juste et louable, et déjà mal fondée. Tel est le tableau que l'histoire offre aux regrets de l'observateur politique du règne de Philippe III. Mais d'un autre côté, si les qualités qui doivent orner un bon roi se réduisaient toutes à la piété religieuse, notre histoire offrirait à peine un règne plus heureux ; quoique l'Espagne ait eu beaucoup de monarques distingués par leurs inclinations pieuses, nul ne l'a surpassé en zèle catholique, en protection accordée à l'Eglise, en libéralité charitable pour la fondation des couvens, et en autres œuvres pies.

Rien ne manifesta autant son zèle religieux que la résolution qu'il prit d'expulser les Moresques d'Espagne, détermination autant approuvée par les-uns que blâmée par les autres, suivant les différens aspects sous lesquels ils l'ont considérée. Les premiers lui donnent des éloges infinis, uniquement attentifs à l'obligation, que le roi catholique ne perdit jamais de vue, de conserver sans mélange de superstitions la pureté de la foi chrétienne dans ses domaines, et à la nécessité de les débarrasser d'ennemis domestiques, souvent mutinés, et toujours obstinés à entretenir des relations et des intelligences secrètes avec les Mores d'Afrique et autres adversaires de l'empire espagnol. Cette loi est réprouvée au contraire par ceux qui pensent que, sans en venir à l'extrémité d'une expulsion totale, il y avait des moyens plus doux d'empêcher que les Moresques ne fussent nuisibles à la religion et à la monarchie, sans priver celle-ci de plus de neuf cent mille vassaux dont la perte devait porter un coup sensible à l'agriculture, à l'industrie et au commerce. Le fait est que Philippe III ne voulant pas suivre l'exemple de son père qui, après avoir soumis les Moresques de Grenade, prit le parti de les éloigner de ces côtes et de les répartir dans les provinces intérieures du royaume, afin qu'ils ne formassent plus un corps puissant et redoutable, imita plutôt don Fernand le Catholique qui poursuivit sévèrement et expulsa tous ceux qui refusèrent de se convertir; mais avec cette différence que ceux qui sortirent alors d'Espagne étaient véritablement mahométans, tandis que ceux que Philippe III bannit étaient chrétiens, quoique nouveaux et mal affermis encore dans la foi. On leur permit de vendre leurs propriétés; et l'expulsion commencée en 1609, fut terminée au bout de quatre années.

Outre l'exil des Moresques, d'autres causes concoururent à la dépopulation du royaume et influèrent sur sa décadence : elles furent la matière d'une consultation sérieuse, que l'on trouve imprimée et que le conseil de

Castille présenta au roi en lui proposant les principaux moyens d'arrêter le mal. Mais ainsi que, dans cette circonstance, Philippe III ne suivit point les maximes prudentes de son conseil, de même aussi il éprouva les inconvéniens de n'avoir pas observé l'importante recommandation que son père lui avait faite de vive voix et répétée par écrit, de gouverner par lui même, en écoutant les conseils de ministres sages, sans se livrer aveuglément à un seul particulier toujours porté à abuser de l'autorité. Tel fut précisément le duc de Lerme, qui parvint à se rendre maître absolu des affaires, et ne perdit la faveur que lorsque des plaintes, aussi justes que multipliées, firent apercevoir, trop tard à la vérité, à quel point le désordre était porté dans un royaume qui devait attendre tout le contraire d'un prince dont la justice et les bonnes intentions eussent assuré le bonheur de l'Espagne, si à ces vertus il n'eût pas allié la faiblesse.

Le roi sentit que, dans la situation des choses, le premier besoin de son royaume était la paix; en conséquence il la conclut avec l'Angleterre en 1604, aussitôt après la mort d'Elisabeth; et en 1609 il stipula avec les Hollandais une trêve de douze ans, ayant observé que la guerre qui continuait dans les Pays-Bas, n'avait produit aux Espagnols aucun avantage qui ne leur eût été extrêmement coûteux. L'entreprise la plus signalée de notre armée aux ordres de l'archiduc Albert et du marquis de Los Balbases, Ambroise Spinola, fut le long et pénible siége d'Ostende. Cette place, réputée imprenable, se rendit enfin aux armes catholiques ; mais cette conquête, moins utile que glorieuse, coûta la vie à beaucoup de chefs et de soldats, et occupant les troupes espagnoles sur un seul point, ne leur permit pas de marcher au secours d'autres places non moins importantes dont l'ennemi s'empara. Les soldats se mutinaient fréquemment pour le défaut de paye et le manque de vivres ; et il n'était déja plus possible d'entretenir dans ce pays des armées assez nombreuses pour conserver ce que l'Espagne y possédait, bien moins encore pour recouvrer ce qu'elle y avait perdu. Pendant ce temps, les Hollandais, appliqués au commerce lucratif et à la navigation des Indes orientales et occidentales, croissaient en pouvoir et en arrogance ; de sorte que Philippe III ne put conclure la trève desirée qu'à deux conditions infiniment dures pour nous : la première fut la reconnaissance de la Hollande comme république indépendante; la seconde, la concession du libre commerce en Asie et en Amérique.

La France, depuis l'extinction de ses guerres civiles, était si florissante que déja il ne paraissait pas prudent de l'avoir pour ennemie; et pour assurer la paix entre cette puissance et l'Espagne, on conclut, en 1612, le double mariage du prince d'Autriche don Philippe, depuis Philippe IV, avec Isabelle de Bourbon, fille de Henri IV; et de dona Anne d'Autriche, fille de Philippe III avec Louis XIII, qui déja avait succédé à Henri. Cette Anne d'Autriche fut mère de Louis XIV, surnommé *le Grand*, dont le règne est célèbre à tant de titres dans l'histoire de France.

Le roi, nonobstant sa propension déclarée pour la paix, ne put éviter de s'engager dans quelques expéditions militaires; des différens s'étant élevés en Italie, entre le duc de Savoie et celui de Mantoue, au sujet du duché de Mont-Ferrat, et Philippe ne pouvant réussir à réconcilier ces princes comme il avait essayé de le faire, l'armée espagnole entra en Piémont et conquit quelques places. Mais le duc de Savoie céda, et on lui restitua ce qui avait été conquis.

D'un autre côté, Frédéric, électeur Palatin, s'étant emparé, avec l'appui des protestans, des couronnes de Bohême et de Hongrie au préjudice de Ferdinand II, Philippe III fournit à ce dernier un secours de quarante-huit mille hommes en deux occasions distinctes, et par ces forces auxiliaires contribua beaucoup à la victoire qui resta enfin du côté des Autrichiens, après plusieurs années de guerre.

L'appui de ses armes ne fut pas moins utile aux catholiques de la Valteline sur les confins du Tirol et du Milanais. Les Grisons leurs voisins, attachés à l'hérésie, prétendaient, avec le secours de la France, conserver ce territoire; la maison d'Autriche desirait, de son côté, en maintenir la possession aux catholiques, afin qu'il lui servît de passage et de communication entre les Etats qu'elle possédait en Allemagne et en Italie.

Les catholiques d'Angleterre et d'Irlande reçurent aussi de lui la plus généreuse protection; et tandis que durèrent les bruyantes dissentions entre le siége apostolique et la république de Venise, il fit lever et entretint avec des frais incroyables une armée respectable aux ordres du comte de Fuentes, gouverneur du duché de Milan, par le moyen de laquelle il assura la paix de l'Italie et termina les différens entre Venise et Rome, sans en venir aux extrémités de la guerre. Sur mer ses flottes vainquirent plusieurs fois les Turcs; le marquis de Santa Cruz, don Octave d'Arragon, don Juan et don Louis Fanardo, don Diego Pimentel, don François Ribera, et d'autres illustres capitaines, s'y distinguèrent par leur conduite et leur valeur, détruisirent en diverses rencontres un grand nombre de galères ennemies, et firent de riches prises. Le marquis de Santa Cruz démantela et ravagea dans le Levant plusieurs places turques, l'île de Lango et celle de Quesquènes. En 1610, Philippe III acquit, par négociation, le port de Larache, situé dans le royaume de Fez en Barbarie, et quatre années ensuite, il s'empara de celui de la Mamora près de Tanger.

Dans les commencemens de son règne, les Espagnols eurent à soutenir en Amérique une guerre obstinée contre les Araucans, indiens belliqueux du royaume de Chili. Le courage et la bonne discipline de nos troupes triompha de ces sauvages dans les glorieuses batailles que le poëte don Alonze d'Ercilla a célébrées en vers castillans.

Les îles Moluques ou Maluques, autrefois possédées par les Portugais, et qui depuis avaient admis les Hollandais, furent réduites à la domination espagnole. Les mêmes Portugais, alors sujets du roi don Philippe, étendirent beaucoup ses conquêtes dans les Indes orientales, où ils s'emparèrent du royaume de Pégu et d'autres pays. Enfin, près des îles Philippines une flotte hollandaise, dirigée contre elles, fut battue par une escadre espagnole.

En 1621, après avoir fait un voyage en Portugal, Philippe III mourut, manifestant, dans ses derniers instans, toutes les vertus chrétiennes qui lui méritèrent le surnom *de Pieux*. Durant son règne, on construisit le port du Callao de Lima, les fortifications de Porto-Belo furent réparées, ainsi que celles de Cadix qui avaient été détruites par l'invasion des Anglais. On augmenta les fontaines publiques de Madrid, on y bâtit la place Majeure, et l'on commença la construction du panthéon de l'Escurial, destiné à la sépulture de la famille royale.

CHAPITRE XXII.

Règne de Philippe IV.

Don Philippe IV, dit *le Grand*, 1621.

A LA mort de Philippe III, le trône passa à son fils, âgé de seize ans, qui prit le nom de Philippe IV, et fut surnommé *le Grand*; titre qui, s'il pouvoit convenir à ses qualités généreuses, ne lui fut certes pas appliqué avec fondement sous le rapport de sa fortune. Il fut si loin d'être heureux que, dans le cours de quarante-quatre années que dura son règne, il vit ses Etats continuellement agités par des guerres dans lesquelles il éprouva plus de pertes qu'il n'obtint de victoires, bien que dans le nombre il en remportât quelques-unes extrêmement glorieuses pour le nom espagnol.

L'émulation que, depuis le règne de Charles-Quint, avoit excitée chez presque toutes les puissances étrangères, l'agrandissement de la maison d'Autriche, loin de diminuer, acquérait de nouvelles forces à mesure que l'expérience leur apprenait qu'il n'était pas impossible de contenir ses progrès. La France, par elle-même et par ses alliés, fut celle qui occasionna à l'Espagne les guerres les plus ruineuses, tant sous le règne de Louis XIII (dirigé par le cardinal de Richelieu son ministre, politique célèbre) que sous celui de Louis XIV qui éleva sa monarchie au plus haut degré de puissance et de splendeur, non-seulement sous le rapport des forces militaires, mais encore sous le point de vue des arts et des sciences.

Philippe IV donna sa confiance et le maniement de toutes les affaires à son confident le duc d'Olivares. Quoique ce ministre commençât à réformer les abus de la cour, à modérer les dépenses qui épuisaient le trésor, et à fomenter par des lois sages la population du royaume; ou ces remèdes arrivaient trop tard, ou ils étaient insuffisans pour réparer l'abattement où la couronne se trouvait réduite depuis les règnes antérieurs. Les ennemis qu'elle avait à repousser étaient si nombreux et si redoutables, que jamais on ne vit mieux à quel point peuvent être portées la valeur et la constance inséparables des Espagnols. Au lieu de nous étonner des pas rétrogrades que fit la monarchie à cette époque, admirons comment elle ne fut pas entièrement ruinée. Comparable à l'ancien empire romain par l'apogée de puissance et d'extension où elle était arrivée, elle pouvait également imiter sa décadence totale et sa destruction; c'est en effet ce qu'il semble qui serait arrivé, si d'autres mains en eussent dirigé les rênes.

Il serait aussi fatiguant que contraire au plan de cet ouvrage, de rapporter avec détails les nombreuses campagnes que la nation eut à soutenir dans diverses provinces au dedans et au dehors de ses Etats. La Hollande, la Flandre, l'Allemagne, l'Italie, la France, l'Angleterre, la Catalogne, le Roussillon, le Portugal, les côtes d'Afrique et celles des Indes, occupèrent à la fois ou successivement les armes espagnoles.

La trève que Philippe III avait conclue avec la Hollande expirait lorsque Philippe IV ceignit la couronne. La guerre recommença; et pendant le temps qui s'écoula depuis cette époque, jusqu'à la paix de Munster et de Westphalie qui la termina en 1547, les Hollandais remportèrent quelques victoires sur terre, et sur mer un beaucoup plus grand nombre : vaincus une fois par don Fadrique de Tolède, qui battit une de leurs escadres près du détroit de

Gibraltar, ils eurent de plus constans succès et maltraitèrent les nôtres dans les mers de la Nouvelle-Espagne et du Pérou, et près de Calais; ils s'emparèrent aussi d'une riche flotte portugaise qui venait de la Chine. Ils saccagèrent Lima et y enlevèrent un précieux butin; prirent quelques-unes des îles Antilles et se rendirent maîtres de la baie de Tous-les-Saints, de la ville de Saint-Salvador et de Fernanbuc en Brésil; le même don Fadrique de Tolède les délogea néanmoins en peu de temps de ces deux premières possessions. Le marquis Ambroise Spinola s'empara de Juliers après cinq mois de siége; mais les ennemis prirent leur revanche par la conquête d'autres places et par le triomphe qu'ils obtinrent près de Luxembourg. Cette dernière victoire, en assurant leur supériorité, les rendit si altiers qu'ils refusèrent long-temps d'entrer en propositions de paix avec l'Espagne. La meilleure preuve que l'industrie, le commerce et les arts procurent des avantages plus vastes et plus solides que la force des armes, les Hollandais la fournissent. Simples pêcheurs, ils surent, par leur application laborieuse, se procurer les moyens de soutenir une longue guerre contre une nation redoutable; et tandis que celle-ci s'épuisait en dépenses excessives, cette nouvelle république croissait en richesses et en population, sous l'égide de la liberté et de l'indépendance qui lui furent confirmées par le traité de Munster.

Les Pays-Bas étaient le théâtre d'une guerre non moins ardente. Philippe II, dans la vue de calmer les inquiétudes des Flamands, crut qu'ils se contenteraient d'être gouvernés par un prince allemand, et à cet effet il avait marié sa fille, l'infante Isabelle Claire, à l'archiduc Albert, et lui avait donné pour dot les Pays-Bas. Mais l'archiduc étant mort sans laisser d'enfans, la propriété de ces Etats retourna à Philippe IV, qui, comme souverain, en conféra le gouvernement à l'archiduchesse douairière. Les Flamands opiniâtrés à secouer le joug espagnol, renouvellèrent alors leurs prétentions, et essayèrent même d'établir dans leur patrie un gouvernement républicain, à l'instar de celui de Hollande. Quoique Spinola leur enlevât l'importante place de Breda, et que le cardinal infant don Fernand, qui avait succédé à l'archiduchesse dans le gouvernement des Pays-Bas, vainquît les confédérés dans quelques batailles, et notamment dans celle de Nortlingue, ceux-ci ne laissèrent pas que de s'emparer de quelques places, entr'autres de Maëstricht ; et dans une telle variété de succès, telle ville était prise et reprise trois ou quatre fois.

La guerre continuait aussi en Palatinat, où les armées impériales et espagnoles remportaient des victoires fréquentes, mais coûteuses. L'armée de Danemarck, puissance qui s'était coalisée avec divers princes de l'Empire contre l'empereur, essuya deux déroutes ; mais, d'un autre côté, le roi de Suève, Gustave Adolphe, l'un des plus grands héros de l'histoire moderne, se confédéra aussi avec les ennemis de la maison d'Autriche ; et dans ses entreprises contre elle, il remporta des succès proportionnés à sa grande habileté et à son génie martial.

La succession du duché de Mantoue, dont le duc de Nevers héritait, avec l'appui de la France, au grand mécontentement de Philippe, mit les armes à la main des Espagnols et des Français en Italie. L'empereur aida le roi d'Espagne d'un grand nombre de troupes et, dans l'espace de trois ans, diverses campagnes se succédèrent, l'une desquelles coûta la vie au vaillant et habile capitaine Ambroise Spinola. Le duc de Savoie suit le parti de l'Espagne : les Français lui enlèvent une partie de ses Etats : dans deux combats ils défont les Autrichiens : et malgré que l'armée de l'empereur s'empare de Mantoue et la saccage, les Français réussissent à assurer au duc de Nevers son héritage, et les Espagnols abandonnent l'entreprise, forcés d'accourir avec toutes leurs forces, où les appelle une nécessité plus urgente.

En Allemagne, l'électeur de Trèves s'opposait aux Autrichiens, sous la protection de la France ; et comme par cette raison, les Espagnols avoient pris Trèves, chassé la garnison française, et fait l'électeur prisonnier, le cardinal de Richelieu colora de ce prétexte une nouvelle déclaration de guerre à l'Espagne en 1635 : guerre sanglante qui dura près de vingt-cinq ans, et acheva presque d'épuiser l'Espagne d'hommes et d'argent !

La France s'unit aux Hollandais et l'armée des deux nations s'empara de Tillemont; celle du cardinal infant ravageant les terres des provinces de Champagne et de Picardie, et s'emparant de quelques places dans cette dernière province, s'approcha de Paris au point de jetter dans cette capitale, l'inquiétude et la confusion; mais elle fut obligée de se retirer, et les Français conquirent Landrecies, Damvillers et autres places, en même temps que les Hollandais reprenaient Breda.

Dans ces entrefaites le marquis de Leganès ayant obligé les Français à évacuer le Milanais, fit un dégât considérable dans les Etats de Parme et de Plaisance dont le souverain suivait le parti de la France; il prit Niza de la Palla, Brem et Verceli, et ne remporta pas de moindres avantages en Piémont; peu de temps auparavant les Français, de leur côté, s'étaient rendus maîtres de la Valteline sur laquelle il s'était élevé précédemment beaucoup de disputes et réglé des accords aussi promptement détruits que conclus.

Sur la frontière d'Espagne les Français assiégèrent Fontarabie et brûlèrent douze bâtimens qui portaient à la ville des vivres et des munitions; mais l'armée Espagnole la délivra valeureusement, détruisant dans une attaque vigoureuse le camp des ennemis et les obligeant à prendre la fuite.

Les progrès des Français dans les Pays-Bas furent aussi rapides qu'importans; ils conquirent Hesdin, Yvoi, Arras, Gravelines, Courtrai, Dunkerque et autres moindres places; et le maréchal de Turenne, vainqueur des Autrichiens à la seconde bataille de Nortlingue, rendit à l'électeur de Trèves la liberté et la paisible possession de son électorat.

Le duc d'Enghien, connu sous le nom de Grand-Condé, répara la perte et l'affront qu'il avait reçu au siége de Fontarabie, par le gain de la fameuse bataille de Rocroi, où le nombre des morts et des prisonniers fut très-considérable de notre côté. Mais depuis ayant eu des sujets graves de mécontentement avec le cardinal Mazarin, successeur de Richelieu dans le ministère de France, il passa au service de l'Espagne, et unit ses armes à celles de don Juan d'Autriche, fils naturel de don Philippe III, qui ressemblait par cette circonstance, par son nom et par ses talens militaires, à l'autre don Juan d'Autriche, fils de Charles-Quint. Condé vainquit les Français dans des occasions si fréquentes et si glorieuses, qu'il les aurait jettés dans la dernière consternation si, à l'intrépidité et aux dispositions savantes de ce grand général, un compétiteur tel que Turenne n'eût opposé sa tactique et son courage supérieurs.

Les négociations de paix entre la France et l'Espagne avaient été infructueuses, et les hostilités continuaient au grand détriment de la dernière, chez laquelle croissaient de plus en plus la dépopulation, l'épuisement du trésor public et les plaintes des peuples. Déja les Catalans, les Arragonais les Valenciens, les Navarrois et les Biscayens refusaient de soutenir le poids de la guerre et des tributs onéreux nécessaires pour la continuer ; et les Castillans combattaient presque seuls pour toute la nation, sacrifiant avec une loyauté constante et leurs biens et leurs vies, lorqu'en 1659 Philippe IV réussit à conclure avec la France la paix si desirée, dite *des Pyrénées*, qui, quoique peu favorable à l'Espagne, fut regardée comme une fortune eu égard à l'état des choses. La principale condition fut l'accord du mariage de l'infante Marie-Thérèse d'Autriche, fille aînée du roi, avec Louis XIV, moyennant une renonciation à la succession de la monarchie espagnole. Ce mariage et cette renonciation entraînèrent par la suite de grandes conséquences, comme nous le verrons quand nous parlerons de l'exaltation de la maison de Bourbon au trône d'Espagne. On céda à la France tout le Roussillon avec les places de Perpignan et de Salses, déja conquises par les Français durant la guerre, et en outre une partie du comté d'Artois et d'autres territoires dans les Pays-Bas ; Louis XIV s'obligeant à restituer ce que ses armes avaient conquis dans l'état de Milan.

Dans les dernières années de la guerre avec la France, Philippe IV eut un ennemi de plus, l'Angleterre. L'ambitieux Olivier Cromwel la gouvernait avec le titre de protecteur depuis la fin tragique du roi Charles 1ᵉʳ, mort publiquement sur un échafaud. Cromwel rompit avec l'Espagne, et mit en mer des escadres, qui, victorieuses dans divers combats, envahirent nos colonies d'Amérique. Les îles de Saint-Domingue et de Cuba, et la Terre-Ferme se défendirent vaillamment, mais la Jamaïque se rendit aux Anglais; et ils furent maintenus en possession de cette île, ainsi que du port de Dunkerque, à la prise duquel ils avaient concouru avec les Français, par le traité de paix que don Philippe conclut avec eux en même temps qu'il fit celle des Pyrénées.

Jusqu'ici nous avons rapporté briévement les événemens les plus mémorables des guerres que l'Espagne eut à soutenir au dehors pendant ce règne agité; mais il nous reste à faire mention de deux autres, excessivement fatales, qui s'allumèrent dans l'intérieur à l'occasion des rebellions de la Catalogne et du Portugal.

CHAPITRE XXIII.

Continuation et fin du règne de Philippe IV.

PARMI les provinces d'Espagne qui se montraient fatiguées de la durée de la guerre et élevaient le plus haut leurs plaintes, la Catalogne fut celle qui, comme voisine de la frontière de France, éprouvait le plus d'incommodités du passage fréquent des troupes et des désordres qu'elles y commettaient ; à ce mécontentement se joignit celui de la violation de quelques-uns de ses priviléges ; en conséquence, elle fit à la cour des représentations qui furent ou mal reçues ou entièrement négligées. Il en résulta à Barcelone, en 1640, un soulèvement qui commença par des insultes contre les soldats et finit par une guerre formelle contre le monarque. Bientôt les mutins sacrifièrent à leur fureur le vice-roi, comte de Santa Coloma ; et les principaux voisins de la ville, déja mécontens du gouvernement, voyant le feu de la sédition allumé, concoururent à l'augmenter, en convoquant une espèce de conseil républicain; ils envoyèrent un député au roi de France, pour le prier de les prendre sous sa protection et lui demander des secours que long-temps avant ils savaient bien ne pas devoir leur être refusés. D'autres villes de Catalogne suivirent l'exemple de Barcelone et poursuivirent avec tant d'acharnement les troupes castillanes, qu'elles les contraignirent à se retirer jusqu'en Roussillon. Les promesses que le roi fit aux rebelles de conserver tous leurs priviléges et de pardonner généralement aux coupables n'ayant pas suffi pour les faire rentrer dans l'ordre, Philippe fut contraint d'ordonner au marquis de Veles, nommé viceroi, d'employer contre eux la force des armes et à cet effet de lui donner une armée.

Le marquis entra en Catalogne, soumit à l'obéissance du roi quelques villes et s'avança vers Barcelone, centre et mobile de la sédition. Alors les Catalans persuadés qu'ils ne pourraient lui résister avec le faible secours que Louis XIV leur avait accordé comme simple protecteur, résolurent de le reconnaître comme souverain et le proclamèrent en effet comte de Barcelone à condition qu'il ne serait point imposé sur eux de nouveaux tributs et que le gouvernement des places ne serait confié qu'à des Catalans. La France envoya des forces de terre et de mer au secours des insurgés ; la guerre se prolongea avec une alternative de succès et de pertes de part et d'autre ; il y eut des siéges opiniâtres, de vigoureuses défenses, des combats très-sanglans ; mais aucune bataille rangée et décisive entre les deux armées. Le roi don Philippe marcha lui-même en personne au siége de Lerida, et soumit enfin heureusement cette ville que les Français tentèrent vainement de reconquérir à deux reprises différentes ; ils perdirent Balaguer, mais ils prirent Roses, place d'une grande importance, en ce qu'elle facilite la communication entre le Roussillon et la Catalogne. La prise de Tortose leur fut de peu d'utilité, car ils en furent délogés par les Castillans qui, après ce succès, formèrent le blocus de Barcelone : cette capitale, malgré une opiniâtre défense, fut obligée d'ouvrir ses portes par capitulation à don Juan d'Autriche, en 1652. Ce général en chassa les Français, mit leurs troupes en déroute près de Girone, et fit lever le siége que soutenait cette place ; enfin, la province pacifiée, on accorda une amnistie aux séditieux, à l'exception des principaux moteurs de la faction qui furent suppliciés.

Quelques Catalans entreprirent peu de temps après une nouvelle rebellion ; et les Français qui les soutenaient se rendirent maîtres de Villa Franca et de Puicerda ; mais don Juan d'Autriche, avec des forces inférieures, arrêta à propos les progrès de cette seconde révolution ; et par le traité de paix des Pyrénées la France restitua le petit nombre de villes qui lui restaient en Catalogne.

Dans la même année de 1640, commença le soulèvement du Portugal dont les conséquences furent beaucoup plus graves pour l'Espagne, que celle de l'insurrection de Catalogne. Les causes qui motivèrent l'un et l'autre furent à-peu-près les mêmes et la France y eut une égale part par son influence, tantôt cachée, tantôt manifeste.

La duchesse douairière de Mantoue gouvernait le Portugal comme vice-reine et au nom de Philippe IV, lorsque quelques-uns de ces vassaux, ennemis nés de la domination espagnole, indignés contre le secrétaire Michel de Vasconcelos, qui gérait despotiquement les affaires à Lisbonne, et

fatigués

fatigués des longues guerres qui avaient entraîné la perte de différentes parties des Indes occidentales, résolurent de secouer le joug de l'Espagne, et de placer sur le trône de Portugal le duc de Bragance, parent des rois Portugais antérieurs à ceux de la maison d'Autriche. La conspiration fut tramée avec un secret admirable; enfin elle éclate, les mécontens font périr inhumainement Vasconcelos, en le précipitant du haut d'une fenêtre du palais ; ils désarment les gardes de la vice-reine, se saisissent de sa personne et proclament le duc souverain, sous le nom de Juan IV.

La France et la Hollande, en vertu de l'alliance qu'elles conclurent avec lui, lui envoyèrent immédiatement des secours; et l'Espagne, alors occupée à appaiser les troubles de Catalogne et à repousser les armées françaises rassemblées vers les Pyrénées, ne put empêcher que le nouveau roi ne fût reconnu, non-seulement en Portugal et dans les Algarbes, mais encore au Brésil et dans l'Inde, ni que les îles tercères qui refusaient de se soumettre, aidassent à cette révolution.

Jusqu'à ce que Philippe IV fût débarrassé de la guerre contre la France et autres ennemis, par la paix de Munster et par celle des Pyrénées, il ne put employer avec vigueur ses forces de terre et de mer contre le Portugal qu'il traita en province rebelle. Quoique don Juan IV fut mort dès 1656, la reine dona Louise de Guzman son épouse, qui gouvernait l'Etat pendant la minorité d'Alphonse VI, pourvut, avec autant de valeur que d'habileté, à la conservation de son trône, difficile à défendre dans ces circonstances critiques.

Les hostilités commencèrent : don Louis de Haro, neveu du comte duc d'Olivares, qui lui succéda ensuite dans le ministère, entra dans la province d'Alentejo et mit le siége devant Elvas ; mais l'armée portugaise accourant au secours de cette ville, remporta une victoire signalée.

Une expédition maritime préparée contre le Portugal ayant manqué par la contrariété des élémens, la campagne fut différée jusqu'à l'année suivante, c'est-à-dire en 71 ; don Juan d'Autriche prit alors le commandement des troupes castillanes, don Louis de Haro étant allé négocier avec la France une paix devenue nécessaire. Quoique don Juan s'emparât d'Evora, d'Estremoz et d'autres places, ses progrès ne furent pas assez décisifs pour abattre les Portugais et ils le vainquirent à leur tour près de la même ville d'Estremoz, ou ils combattirent avec l'intrépidité d'hommes qui défendent leur patrie, leurs biens et leur liberté.

Don Juan d'Autriche, mécontent de ne pas recevoir de la cour les secours indispensables pour soutenir cette guerre où il voyait rendre inutiles les derniers efforts de sa valeur, donna sa démission du commandement. Le marquis de Caracena qui lui succéda, perdit une autre bataille près de Villa-Viciosa; dès ce moment la souveraineté fut assurée à la maison de Bragance; la guerre n'en continua pas moins jusqu'après la mort de Philippe IV.

Les soulèvemens de Catalogne et de Portugal avaient été précédés, en 1647, d'une insurrection à Naples et d'une autre en Sicile; un pêcheur, nommé Thomas Aniélo, fut le chef de la première, et un chaudronnier de la seconde. Dans l'une et l'autre les conjurés commirent des atrocités inouies. Ceux de Naples tentèrent de changer leur gouvernement en république, avec la protection de la France qui envoya une escadre à leur secours, et le peuple élut doge de la nouvelle république le duc de Guise descendant des rois de Naples, de la maison d'Anjou; mais, en peu de temps, le vice-roi, duc d'Ossuna et don Juan d'Autriche appaisèrent la sédition par le châtiment sévère d'un grand nombre de rebelles.

Les Napolitains offrirent depuis la couronne de ces royaumes au même don Juan ; mais il demeura fidèle au roi son père, et employa tous ses soins à y établir l'autorité de la monarchie Castillane.

Le résumé des faits militaires de ce règne démontre suffisamment que pendant presque toute sa durée les désavantages et les pertes allèrent toujours en s'accumulant. Il faut seulement en excepter l'Afrique où les armes de Philippe IV se soutinrent. En effet, les Mores, ayant assiégé le port de la Mamora et la place d'Oran, furent obligés d'abandonner l'une et l'autre entreprise, et de se retirer avec une perte considérable ; d'autres tentatives faites par eux et par les Turcs contre les Espagnols, furent également infructueuses.

Le roi, accablé de chagrins et de disgraces, mourut en seize cent soixante et quinze, laissant pour successeur le prince don Carlos, fils de sa seconde femme, dona Maria d'Autriche, qui était en même temps sa nièce. Le prince don Balthazar Carlos, qu'il avait eu de son premier mariage avec Isabelle de Bourbon, était mort avant d'avoir atteint l'âge de dix-sept ans, et sa perte avait excité le regret général.

CHAPITRE XXIV.

Règne de Charles II.

L'ÉTAT dans lequel resta la monarchie, était d'autant moins favorable pour réparer ses maux, que Charles II touchait à peine à sa quatrième année. Sa mère, Marie d'Autriche, qui gouvernait le royaume, à l'aide d'un conseil composé de divers personnages et institué par le feu roi, y introduisit son confesseur, le jésuite allemand Jean Everard Nitardo, le comblant d'honneurs et d'emplois importans, et lui confiant le maniement absolu des affaires dont le conseil du gouvernement devait connaître. Il naquit de-là des mécontentemens graves et nombreux. Don Juan d'Autriche qui, comme frère du roi, et par les services qu'il avait rendus à la patrie, avait droit à la considération de la cour et sujet de se plaindre du traitement qu'il recevait, se retira en Arragon, d'où il insista

Don Carlos II, 1675.

sur le renvoi du père Nitardo. L'Arragon, la Catalogne, et nombre de grands du royaume, suivaient son parti, dont le poids devint tel que la reine fut obligée d'éloigner d'elle son confesseur, mais avec l'honorable emploi d'ambassadeur à Rome. A la fin don Juan d'Autriche eut part au gouvernement des royaumes dépendans de la couronne d'Arragon; les autres continuèrent à être administrés par la reine régente.

En 1675, Charles atteignit sa quatorzième année, et prit les rênes du gouvernement; la reine se retira ensuite, et le roi confia à don Juan le titre de premier ministre qu'il conserva peu, étant mort assez promptement. La situation intérieure de la cour, pendant tout le règne de Charles II, fut très-sujette aux dissentions; elle se ressentit, aussi bien que la constitution générale de la monarchie, de la faiblesse de complexion du roi, de sa pusillanimité, fruit de l'éducation qu'il avait reçue, et de la sujétion à laquelle ceux qui l'entouraient, ambitieux de commander, l'avaient accoutumé dès sa minorité. Le gouvernement manquant de vigueur, et ne sachant pas employer à propos le châtiment et les récompenses, il était naturel que l'état du royaume empirât. L'urgence des besoins força à vendre les principales dignités et les emplois, comme les vice-royautés, les présidences et gouvernemens civils et militaires; déjà l'argent était un titre supérieur au mérite : non-seulement les manufactures et le commerce continuaient à tomber, malgré le remède que le roi voulut apporter à leur ruine par la formation d'un conseil général de commerce et monnaies, mais même la valeur et la discipline militaire, derniers et précieux restes de la puissance espagnole, commençaient, sinon à dégénérer, du moins à se relâcher, par le manque de population, de soldats et de capitaines. Nombre d'expéditions furent malheureuses : les Mores prirent le port de la Mamora, et nous causèrent en outre beaucoup de dépenses et de soins par les siéges répétés qu'ils mirent devant Larache, Oran, Melilla et Ceuta; en vain l'Espagne s'allia-t-elle avec la Hollande, l'Angleterre, l'Empire et la Suède, pour opposer une digue à la France et garantir les Pays-Bas de son invasion, la fortune favorisa presque toujours l'activité, la conduite, les armées puissantes et les habiles généraux de Louis XIV.

Lorsque Charles II commença à gouverner par lui-même, il trouva déja dans une situation très-désavantageuse, les intérêts politiques et les forces de son royaume; car, outre les mauvais succès de la guerre contre la France, dont nous parlerons tout-à-l'heure, celle que l'on avait faite en Portugal pour réduire ces Etats au pouvoir de l'Espagne, n'avait pas été plus heureuse. En 1678, la paix fut conclue avec Alphonse VI; il fut reconnu légitime souverain de Portugal, quelques territoires conquis par les armées du roi catholique lui furent restitués, et l'Espagne ne conserva d'autre possession portugaise que la ville de Ceuta en Afrique.

Onze ans après, les Portugais élevèrent une forteresse sous le nom de *Colonie du Saint-Sacrement*, sur la rive septentrionale du fleuve de la Plata, dans l'Amérique méridionale; quoique les deux rives de ce fleuve eussent toujours appartenu à la couronne de Castille par droit de découverte, de conquête, d'occupation et de possession notoire. Tandis que nous sollicitions, à Lisbonne, des ordres pour l'évacuation de ce fort, le gouverneur de Buenos-Aires s'en était emparé et l'avait démoli. Pour éviter une rupture dont cet éclat menaçait les deux cours, on convint par un traité, appelé *provisionel*, que la colonie resterait déposée entre les mains des Portugais, et que l'usage du port et du territoire immédiat serait commun aux deux nations. Deux commissaires furent nommés pour l'examen et la déclaration des droits de l'une et l'autre couronne. Un congrès qu'ils formèrent à Badajoz et à Yelves, ne les mit point d'accord ; le pape à la décision duquel on était convenu de s'en rapporter, ne termina point la querelle, et elle demeura pendante. Sous les règnes suivans elle causa des divisions, alluma la guerre, et après diverses négociations et divers traités, ne s'est terminée que de nos jours, par la restitution faite à la Castille de la colonie (déja occupée et démolie par les Espagnols), avec son territoire, et par la renonciation du Portugal à tous les droits contestés.

Le roi de France, en vertu de prétentions sur le duché de Brabant, qu'il jugeait appartenir à Marie-Thérèse d'Autriche, avait commencé des hostilités contre les Pays-Bas, pris, entr'autres places, Charleroi, Tournai, Douai, Oudenarde et Lille, et en peu de semaines s'était rendu maître de toute la Franche-Comté. Par la paix qui termina cette guerre, et fut signée à Aquisgran presque en même tems que le traité avec les Portugais, la France restitua la Franche-Comté, mais non ses conquêtes en Flandre.

Quatre années ne s'étaient pas écoulées lorsque Louis XIV recommença la guerre, alléguant pour motif la confédération qui s'était formée entre l'Espagne et la Hollande pour la garantie réciproque de leurs possessions dans les Pays-Bas. Ce fut alors que la France y poussa le plus loin ses conquêtes, soumettant Maëstricht, Liége, Limbourg, Condé, la forte place de Valenciennes, Cambrai, Gand, Saint-Omer, Ypres et Arras, tandis qu'une autre armée occupait la Franche-Comté.

Pendant cette guerre, la France protégea les rebelles de la ville de Messine dans le royaume de Sicile; mais malgré les avantages que les révoltés, joints aux troupes françaises, remportèrent sur les Espagnols dans quelques rencontres, Louis XIV ne put réussir à s'emparer de ce pays, où dans le principe il avait été reconnu pour souverain; il fut au contraire forcé en dernier lieu d'en retirer son armée.

Presque toutes les villes de Flandre ci-dessus citées, demeurèrent au pouvoir du roi de France par le traité de paix conclu à Nimègue, en 1678, ainsi que la Franche-Comté, qui jusqu'à présent est restée sous la domination française.

Mais Louis-le-Grand, avide de gloire et de conquêtes, jugeant que la maison d'Autriche fournissait à celle de Bourbon l'occasion la plus favorable pour s'agrandir, entreprit une troisième fois la guerre en Flandre et en Catalogne, sous prétexte des refus que la cour d'Espagne opposait à ses prétentions sur le comté d'Agoste. Ce monarque suivit le cours de ses victoires par la conquête de Luxembourg, Mons, Charleroi, Namur, (qu'il reperdit cependant ensuite) dans les Pays-Bas, et par la prise, en Catalogne, de Belver, Urgel, Roses, Palamos, Gerona, Ostalric et Barcelone; le port de Carthagène en Amérique, tomba aussi au pouvoir d'une de ses escadres. La majeure partie de ces conquêtes fut restituée à l'Espagne, en 1697, par le traité de Riswich; sacrifice dicté à la maison de Bourbon par la plus adroite politique, dans la vue de satisfaire Charles II et d'atteindre le but important d'être appelée, par son testament, à la succession d'Espagne, comme en effet il en arriva.

Le roi don Carlos s'était marié deux fois; la première avec Marie-Louise de

Bourbon, fille aînée du duc d'Orléans et nièce de Louis XIV, et la seconde avec Marie de Neoburg, fille du comte électeur palatin du Rhin; ni l'un ni l'autre de ces mariages ne lui donna des enfans, et le mauvais état de sa santé laissait peu ou point d'espoir qu'il pût en avoir. Divers potentats de l'Europe, prévoyant le cas où don Carlos mourrait sans héritiers, stipulèrent, à la Haye, un traité ou convention secrète, par lequel ils se promettaient de répartir entr'eux les Etats de la monarchie espagnole. Le fils aîné de l'électeur de Bavière devait avoir la couronne d'Espagne avec les Indes et les Pays-Bas; Louis, Dauphin de France, les royaumes de Naples et de Sicile, et autres territoires en Italie, outre la province de Guipuscoa; à Charles, archiduc d'Autriche, second fils de l'empereur Léopold, on donnait en partage le duché de Milan. La mort prématurée du prince électoral de Bavière dérangea ce plan; on procéda en conséquence, par un nouveau traité, au partage de la monarchie espagnole. Le roi, qui avait déjà protesté contre le premier par ses ambassadeurs, ne put souffrir sans indignation que les cours étrangères prétendissent disposer à leur gré de royaumes dont le souverain vivait encore et n'avait pas déclaré sa dernière volonté. Charles II consulta, sur cette affaire grave, le souverain pontife, Innocent XII, et un conseil de ministres sages et droits dont l'avis ultérieur, malgré quelques contradictions, fut que le droit à la succession d'Espagne appartenait à Philippe, duc d'Anjou, second fils du Dauphin, comme petit-fils de Marie-Thérèse d'Autriche, sœur aînée du roi, et suivant les lois du royaume légitime héritière du trône, par préférence à Marguerite, sa sœur cadette, qui fut mariée avec l'empereur Léopold, et était aïeule de feu le prince électoral de Bavière. Le même empereur prétendait hériter des droits de son petit-fils, et les transmettre à son second fils l'archiduc Charles, se fondant sur ce que l'on ne devait point avoir égard au droit d'aînesse de la reine Marie-Thérèse, mère du Dauphin, attendu que, pour épouser Louis XIV, elle avait fait une renonciation solennelle au trône d'Espagne. La France répliquait que quand cette renonciation n'aurait pas été forcée et irrégulière, on ne pouvait contester qu'elle n'avait été faite uniquement et expressément que pour empêcher à jamais la réunion des couronnes de France et d'Espagne sur la tête d'un même souverain, et que cet inconvénient cessait puisque la reine avait laissé deux petits-fils dont l'un pouvait régner en Espagne et l'autre en France.

Charles II, convaincu par ce raisonnement, et sacrifiant à ce qui lui paraissait juste l'affection que naturellement il devait porter à la maison d'Autriche dont il descendait, fit son testament au mois d'octobre 1700, déclarant Philippe, duc d'Anjou, successeur de la monarchie espagnole entière ; il mourut le mois suivant, après avoir nommé pour gouverner le royaume pendant l'absence de son successeur, un conseil composé de la reine et de divers prélats, ministres et grands du royaume.

Par la mort de don Carlos, fut éteinte en Espagne la race des rois autrichiens qui y avait régné près de deux siècles, et la monarchie changea d'aspect par la révolution importante qui commença avec le dix-huitième siècle.

CHAPITRE XXV.

Commencement du règne de Philippe v.

Aussitôt que Louis XIV eut accepté le testament de Charles II, et que le duc d'Anjou eut été déclaré roi d'Espagne, sous le nom de Philippe V, ce prince partit pour Madrid, où il arriva en février 1701. Les principaux vassaux lui prêtèrent immédiatement le serment de fidélité, et lui donnèrent les marques les moins équivoques d'amour et de respect, accordées au droit qui le portait au trône, moins qu'aux qualités recommandables qui le distinguaient, et aux grandes espérances qu'à la fleur de l'âge, à dix-sept ans, faisait concevoir son heureux caractère, perfectionné par une excellente éducation. Les effets répondirent à ces espérances, car malgré l'état de décadence où Philippe V trouva la monarchie, malgré qu'il se vît obligé de soutenir de longues guerres contre des ennemis étrangers et domestiques pour la défense de sa couronne, non-seulement l'état de l'Espagne n'empira pas sous son règne, comme on pouvait le craindre, mais même

Don Philippe v, le Courageux, 1701.

elle acquit de la puissance, de la gloire, et des avantages réels, vainquit ses ennemis, jouit d'un gouvernement généralement juste, doux et éclairé, et commença à ressentir les avantages qui résultent de l'industrie, de la navigation, du commerce, des sciences et des arts. Sans contredit personne ne pouvait se promettre, avec fondement, que les maux invétérés que souffrait la nation fussent tous réparés, ni que ses grandes calamités se changeassent subitement en une félicité complette. Il est donc constant que Philippe fit, pour son bien, la plus grande partie de ce qui était possible dans de semblables circonstances, et qu'on est redevable à sa piété, à son équité, à ses talens, à sa bienfesance et à son courage, du rétablissement de la monarchie. La nation reconnaît combien l'exemple héroïque de ce souverain à eu d'influence sur le soin avec lequel ses fils et successeurs ont veillé sur l'honneur, la gloire et le bonheur de leurs sujets ; et elle regarde comme une de ses plus mémorables époques l'exaltation du premier Bourbon au trône d'Espagne (1). Il ne lui reste

---

(1) On aperçoit, dès ce passage, l'esprit de flatterie, envers la maison aujourd'hui

qu'un regret ; c'est qu'un prince à qui le ciel avait accordé toutes les vertus nécessaires pour jouir d'un règne prospère, n'ait pas hérité de la couronne dans l'état florissant où elle passa sur la tête de Philippe II. Mais si c'eût été pour l'Espagne le plus grand bonheur, peut-être le mérite de Philippe V eût-il moins éclaté, puisqu'il n'aurait point eu les tristes mais glorieuses occasions de se montrer digne du surnom *de Courageux*, qui lui fut justement décerné. Au surplus, les fatigues que lui coûta la défense du trône que ses compétiteurs voulaient lui arracher, et la constance qu'il opposa à l'adversité, lui ont

---

régnante, qui a guidé la plume de l'auteur ; on ne saurait disconvenir qu'avec la maison de Bourbon, il est entré en Espagne une partie des lumières qui ont perfectionné dans ce siècle l'administration intérieure des Etats ; mais elles y ont trouvé des obstacles difficiles à vaincre et dont elles triompheront peut-être difficilement, à moins d'un ébranlement. On verra par l'examen des simples faits, en ne s'arrêtant point aux éloges, que les Bourbons qui ont régné en Espagne ont été des hommes trop ordinaires pour exécuter une telle réforme.

concilié à jamais l'attachement et l'admiration de ses sujets fidèles, plus encore que les exploits heureux qui assurèrent à la fin sa victoire.

Toutes les entreprises militaires qui eurent lieu durant la guerre de succession, sont des plus remarquables de l'histoire d'Espagne, et méritent d'être rapportées avec tout le détail possible, non-seulement par les conséquences importantes qui en sont résultées pour l'Europe entière, et particulièrement pour nous qui vivons aujourd'hui sous l'empire légitime des Bourbons, mais aussi en raison des grands généraux qui, du côté des ennemis comme du nôtre, ont déployé dans ces campagnes leur courage et leur habileté, et de la présence fréquente de Philippe V à la tête de ses armées que, bravant les périls et les fatigues de la guerre, il conduisit souvent lui-même au combat; résolution dont ses prédécesseurs, depuis Charles-Quint, avaient rarement donné l'exemple.

Il fut reconnu pour souverain par le pape Clément XI, le roi Guillaume III d'Angleterre, Pierre II de Portugal, Frédéric IV de Danemarck, Charles XII de Suède, la république de Hollande, l'électeur de Bavière et autres potentats; mais non par l'empereur qui, après avoir reçu, sans y opposer de réplique, la lettre par laquelle Philippe v lui notifiait son exaltation au trône, se détermina à remettre au sort des armes la décision des droits qu'il prétendait avoir sur la monarchie espagnole. Son armée commença les hostilités en Lombardie, sous la conduite du prince Eugène de Savoie, général d'une valeur et d'une habileté distinguées, qui, mécontent de la cour de France où il avait été élevé, passa au service des Impériaux. Louis XIV envoya en Italie, pour s'opposer à cette armée, des troupes comme auxiliaires de l'Espagne, sous les ordres des maréchaux de Tessé, de Catinat et du prince de Vaudemont, gouverneur de Milan. Le duc de Savoie qui suivait alors le parti de la maison de Bourbon, en vertu de traités particuliers et en raison du mariage récemment conclu de sa fille Marie-Louise-Gabrielle, princesse douée d'une capacité rare et d'un caractère affable et séduisant, avec le roi don Philippe; le duc de Savoie, dis-je, appuyait ces forces d'un corps de huit mille hommes. Indépendamment de ce prince, le roi de Portugal s'était confédéré avec la France et l'Espagne; mais ces deux alliances ne furent d'aucune utilité, car l'un et l'autre de ces souverains, guidés par leur intérêt, vrai ou apparent, tournèrent ensuite leurs armes contre le roi catholique, et se confédérèrent avec l'empereur, l'Angleterre et la Hollande, qui, par un traité conclu à la Haye, et appelé *de la grande alliance*, avaient réuni leurs forces pour l'entreprise de détrôner Philippe v. Les alliés attirèrent le roi de Portugal dans leur parti, par la promesse de le rendre maître de tout ce qui serait conquis sur la couronne de Castille en Galice, en Estremadure et dans les Indes.

Le roi catholique passa en Arragon et en Catalogne; tint les cortès à Barcelone et y reçut leur serment de fidélité : il reçut ensuite à Figuères la reine son épouse, qui venait de Turin et y célébra de nouveau le mariage déjà contracté par procureur. Instruit des troubles qu'excitaient à Naples les partisans de la maison d'Autriche, il résolut de se rendre dans cette capitale pour les appaiser, et visiter ensuite ses autres Etats d'Italie menacés d'une prochaine invasion. Philippe v ne put par cette raison tenir les cortès à Saragosse comme il l'avait résolu ; mais ils furent convoqués par la reine à qui le roi confia le gouvernement pendant son absence, sous la direction du cardinal Porto-Carrero, archevêque de Tolède, attaché alors à Philippe, et très-versé dans les affaires depuis le règne de Charles II.

La mort de Guillaume, roi d'Angleterre, ne changea point les dispositions du parti ennemi; Anne Stuard qui lui succéda, soutint efficacement la confédération et les prétentions de l'archiduc Charles d'Autriche. Une escadre anglaise se présenta devant Cadix, et les habitans, malgré la faiblesse de la garnison et le peu d'abondance de leurs munitions, se préparèrent à la défense avec autant de loyauté que de promptitude. Les Anglais essayèrent de gagner les Cadisiens par des insinuations flatteuses; mais voyant qu'ils étaient inébranlables dans leur fidélité, ils résolurent de recourir à la force. Ils débarquèrent dans le port de Rota, s'en emparèrent facilement par la faute du gouverneur, et ravagèrent la ville du port de Sainte-Marie. Leurs efforts pour soumettre Cadix furent si inutiles, que force leur fut de se retirer en mauvais état, et détrompés sur le nombre de partisans de la maison d'Autriche qu'ils s'étaient figurés légérement trouver en Andalousie. Les Espagnols en reprenant le port de Rota, pendirent le gouverneur, moins comme un traître que comme un lâche. L'escadre ennemie se dirigea sur Vigo en Galice, où venait d'arriver une riche flotte des Indes occidentales ; et l'attaqua dans le port même malgré la vigoureuse défense des vaisseaux espagnols et de ceux de France qui les avaient convoyés, dont la force réunie était inférieure à celle de l'escadre Anglaise. A la fin les Espagnols voyant leur perte inévitable, mirent en sûreté les équipages et quelques marchandises, et pour que les ennemis ne pussent profiter de celles qui restaient et des meilleurs bâtimens de la flotte, ils y mirent le feu. Les Anglais néanmoins, réussirent à sauver une grande partie de l'argent, et l'ayant fait passer sur leur flotte, ils se retirèrent victorieux emmenant avec eux sept vaisseaux de guerre et d'autres de moindre force, après avoir fait dans le port un dégât considérable.

Cependant le roi après avoir pacifié le royaume de Naples où il avait été reçu avec une joie extraordinaire, passa à Milan et de là à Santa Victoria, dans les environs de laquelle son armée était campée. Déja le prince Eugène avait remporté des avantages à Carpi et à Chiari, contre les troupes espagnoles, françaises et italiennes et surpreuant Crémone, avait fait prisonnier le maréchal de Villeroi, mais sans rester maître de la place d'où le courage de la garnison l'avait rechassé. Il avait aussi bloqué Mantoue et sans doute l'eût prise, sans l'activité des secours qu'y porta le duc de Vendôme. Philippe v se présenta à la tête de son armée, accompagné de Vendôme comme général, et près de Santa-Victoria battit et mit en fuite les ennemis. Ce succès fut suivi du gain de la bataille de Luzara où le roi déploya son courage. Des deux côtés on combattit avec la plus grande valeur, et des deux côtés on chanta victoire; mais ce qu'il y a de certain, c'est que Philippe ayant pris le château de Luzara, resta maître du champ de bataille. Guastalla et Borgoforte se rendirent peu après; et le roi jugeant que sa présence était déjà nécessaire en Espagne pour la défense du trône qu'on lui disputait, revint à Madrid au commencement de l'année 1703.

CHAPITRE XXVI.

Continuation du règne de Philippe V.

La guerre continuait en Italie avec une variété de succès et sans affaires décisives, parce que ni Louis XIV ni ses ennemis ne pouvaient y employer toutes leurs forces, nécessaires pour les autres guerres qu'ils avaient entreprises à la fois sur les bords du Rhin, du Danube et dans les Pays-Bas. Les deux armées d'Italie avaient pris leurs quartiers d'hiver, tandis que l'archiduc, qui avait été reconnu à Vienne roi d'Espagne et des Indes sous le nom de Charles III, et qui avait résolu de venir se faire couronner à Madrid, courait les mers avec une flotte combinée d'Angleterre et de Hollande. Il passa par la Hollande et l'Angleterre et après de longs contre-temps arriva à Lisbonne en 1704, persuadé, qu'à peine les Castillans seraient-ils instruits qu'il approchait de leurs terres, qu'ils le recevraient par pur attachement à la domination autrichienne. Mais le sort trompa ses projets. Philippe V était un monarque aimant

aimant autant qu'aimé de ses sujets, et la majeure et la plus saine partie de ses vassaux embrassa sa cause avec ardeur, sans se laisser séduire par les divers manifestes que l'archiduc répandait pour se concilier les esprits de ceux qui ne lui étaient pas attachés et encourager ses partisans. L'archiduc reçut à Lisbonne les honneurs royaux ; et l'amirante de Castille, don Juan Thomas Enriquez de Cabrera, adhérent secret du parti autrichien, passant en Portugal à l'improviste, après avoir quitté Madrid revêtu de l'emploi d'ambassadeur à la cour de France, joignit à Lisbonne la cour du prétendant; et lui baisa la main comme à son roi.

La guerre étant déclarée au roi de Portugal, un corps de troupes françaises arriva en Espagne sous les ordres du maréchal de Berwick, fils naturel de Jacques Stuart d'Angleterre, et le roi se mit en campagne avec son armée renforcée de ce corps auxiliaire. Espagnols et Français commencèrent la campagne avec vigueur, irrités de la mauvaise foi du roi de Portugal et de la légéreté avec laquelle il s'était déclaré pour l'archiduc après avoir reconnu Philipe V et contracté une alliance avec lui. Le roi catholique animait les soldats par son exemple, s'exposant le premier à tous les dangers et fatigues de la guerre, mangeant debout, servi sur un tambour. Malgré le puissant secours de leurs alliés et la vigueur de leur défense, les Portugais perdirent Salva Tierra, Segura, Idagna, Castelblanco, Monsanto, Portalègre et autres villes dont ils ne recouvrèrent alors que Monsanto; il y eut aussi quelques rencontres glorieuses pour Philippe, et sa majesté ne rentra dans Madrid que lorsque les chaleurs excessives forcèrent à interrompre la campagne qui avait duré trois mois. Le roi de Portugal, accompagné de l'archiduc, s'approcha ensuite, avec son armée, de la Castille; mais il ne fit pas de progrès importans, n'ayant osé, malgré la supériorité de ses forces, risquer une bataille contre Berwick.

Les Anglais et les Hollandais tentèrent de soulever la Catalogne et, dans cette vue, parurent avec une escadre devant Barcelone. Ils commencèrent par des propositions amicales; mais l'intégrité du vice-roi don Francisco de Velasco les rendant inutiles, ils bombardèrent la ville. Quelques mécontens partisans de l'archiduc formèrent une conjuration, mais elle fut découverte à temps; et les ennemis se retirèrent de Barcelone peu satisfaits. Ils furent plus heureux à Gibraltar (1); cette place se trouvant malheureusement aussi dépourvue de garnison que de munitions, ils s'en emparèrent avec facilité; et l'armée de terre avec laquelle les Espagnols tentèrent bientôt de la reprendre ne recueillit point le fruit de ses efforts, rendus inutiles par le secours qu'une autre escadre anglaise jetta à propos dans la place, après avoir battu le petit nombre de vaisseaux français qui osèrent lui faire résistance.

Les alliés, après avoir pris Gibraltar, sachant que pour être maîtres absolus du détroit il fallait qu'ils s'emparassent de Ceuta que les Mores assiégeaient depuis plusieurs années, se présentèrent devant la place et offrirent au gouverneur de le délivrer du siège qu'il soutenait contre les Mores, s'il voulait reconnaître l'archiduc pour souverain. Le gouverneur et les as-

---

(1) Il est digne de remarque que l'amiral qui soumit cette place aux Anglais, fut disgracié pour avoir échoué devant Barcelone; et que Gibraltar ne fut alors regardé que comme un rocher inutile. Que d'efforts faits depuis pour reconquérir ce rocher dont les Anglais ont enfin senti toute l'importance!

siégés demeurèrent fidèles et leur héroïque résistance fit renoncer les ennemis à leur entreprise. Leur escadre et celle de France, renforcée de quelques vaisseaux espagnols, se livrèrent près de Malaga un combat terrible dans lequel chacun fit également bien son devoir. La victoire demeura indécise, mais cet avantage resta du moins aux Français, qu'ils forcèrent les Anglais à se retirer de la Méditerranée.

Nul autre événement mémorable ne se passa en Espagne et sur ses côtes pendant le cours de 1704. En Italie l'armée impériale vint à bout de former sa jonction avec celle du duc de Savoie, malgré que les Français, s'efforçant d'empêcher cette fatale réunion, eussent battu dans différentes occasions quelques corps autrichiens. Le duc de Vendôme défit depuis les ennemis à Estradella et Castelnovo, et emportant Suze, Verceli et autres places du Piémont, les força à se retirer dans le Trentin; mais en Allemagne la fortune se déclara pour les Impériaux, ils remportèrent sur l'armée Française et Bavaroise, une bataille décisive près de Hochstet ou Bleinhem.

La campagne de 1705 fut plus avantageuse aux Portugais que la précédente; les troupes qui devaient défendre nos frontières et conserver nos conquêtes en Portugal, étant affaiblies par le siége infructueux qu'elles avaient formé devant Gibraltar, le marquis de Bai, général flamand qui commandait l'armée espagnole, ni le maréchal de Tessé qui était à la tête des Français, ne purent résister au marquis de Las Minas et aux généraux Galoway et Fagel, chefs des troupes de Portugal, d'Angleterre et de Hollande. Ce fut au point que les ennemis reprirent Salva-Tierra, s'emparèrent de Valencia d'Alcantara et d'Albuquerque, assiègerent Badajoz et se fussent rendus maîtres de cette place et de celle d'Alcantara, si le maréchal de Tessé n'eût fait la plus grande diligence pour les secourir.

L'archiduc, tandis que ses émissaires, répandus dans presque toutes les provinces d'Espagne, y préparaient les esprits en sa faveur, s'embarqua à Lisbonne sur une flotte des alliés et se présenta à Alicante, puis à Denia. Il s'empara de cette place, en employant tour-à-tour les menaces et les promesses, et sur-tout par le moyen des intelligences secrètes qu'il entretenait, non-seulement dans cette ville mais, encore dans beaucoup d'autres du royaume de Valence, avec les partisans de la maison d'Autriche, dont un grand nombre commença à le proclamer souverain. Ceux qui eurent la noble fermeté de rester fidèles au serment prêté à Philippe v, soutenus par les troupes qu'y envoya le roi, continrent alors, en partie, les séditieux; mais Denia restait en leur pouvoir. Un certain Basset, valencien, qui, fuyant les poursuites de la justice, avait passé au service de l'empereur, et depuis à celui de l'archiduc, gouvernait en son nom dans cette ville, et s'empara de Gandia et d'Aliera. Il s'avança sur Valence même, la capitale, qui lui fut livrée par les affidés qu'il y conservait; il s'ensuivait une commotion générale du royaume, et sa division en deux partis armés, l'un pour l'Autriche, l'autre pour les Bourbons.

Dans ces entrefaites l'archiduc débarqua à Barcelone, où il fut reçu comme roi légitime par de nombreux partisans. Les habitans de Vique et de ses environs, soulevés en sa faveur, vinrent renforcer à Barcelone le parti autrichien; et la rebellion s'étendant dans plusieurs villes de la principauté, Figuères, Gerona, Lerida et Tortosa, ouvrirent leurs portes à l'ennemi. Des bandes méprisables de brigands, sans discipline militaire, souillées de profanations et de meurtres, occupaient ces places importantes qui tant de fois avaient résisté à des armées nombreuses et disciplinées ; tant avait de force l'éloignement des habitans pour Philippe V. Comme les rebelles ne comptaient pas sur leur propre valeur, ni sur leur habileté militaire, mais seulement sur la disposition qu'ils trouvaient parmi le peuple à se ranger sous leurs bannières, ils n'osèrent entreprendre la conquête de la place de Roses dont le gouverneur garda fidélité au roi catholique.

L'archiduc résolut enfin de mettre le siége en règle devant Barcelone; la chute d'une bombe sur un magasin à poudre lui soumit d'abord le château de Monjui, et la ville elle-même fut obligée de capituler après une vigoureuse défense. Tarragonne subit bientôt le même sort, et presque toutes les places de la Catalogne reçurent garnison anglaise. L'archiduc resta ainsi maître de la plus grande partie de cette principauté. Il est à remarquer que ces mêmes Catalans qui, en diverses circonstances, avaient imploré le secours de la maison de Bourbon et avaient voulu se joindre à elle contre celle d'Autriche alors régnante, s'unissaient alors à la même maison d'Autriche contre celle de Bourbon, devenue maîtresse du trône.

La révolte de la Catalogne s'étendit dans l'Arragon ; la ville d'Alcaniz et autres, jurèrent obéissance à l'archiduc ; cette place fut recouvrée par un corps de troupes envoyé par le roi sous les ordres du prince Sterclaes de Tilly, et les séditieux furent battus dans quelques rencontres ; mais ils s'emparèrent de la ville de Benavarre dans le comté de Ribagorze, bientôt après de celle de Monzon, et chaque jour voyait augmenter le nombre des factieux, et s'accroître les calamités, suite inévitable des guerres civiles. Cependant les armes du roi soumirent quelques cantons de l'Arragon, et empêchèrent les Catalans de pénétrer plus avant dans ce royaume.

L'empereur Léopold était mort en 1705; et son fils Joseph 1er, qui lui succéda au trône impérial, continua à soutenir avec la même fermeté les prétentions de son frère l'archiduc Charles. La guerre continua en Italie où le duc de Vendôme conquit Verrica, Villefranche, Nice et autres places-fortes, et livra, près de Carano, au prince Eugène, une bataille mémorable où il demeura vainqueur, quoique les ennemis prétendissent lui disputer cette gloire; mais il ne fut pas aussi heureux devant Turin dont le prince Eugène le força à lever le siége.

CHAPITRE XXVII.

Continuation du règne de Philippe v.

L'ANNÉE 1706 ne fut pas heureuse pour Philippe v, mais jamais il ne manifesta davantage sa fortitude et sa magnanimité, que pendant le cours des infortunes qu'il y éprouva. A la tête d'une armée, et accompagné du maréchal de Tessé, il marche en Catalogne, met le siége devant Barcelone et la réduit à la dernière extrémité. Il semblait déja que l'archiduc ne pouvait manquer d'être pris dans cette place, et que la guerre allait ainsi se terminer heureusement; le port bloqué par une escadre française, le château de Monjui emporté, on s'attendait d'un moment à l'autre à voir capituler la ville, lorsque parut une puissante escadre anglaise devant laquelle la flotte française, inférieure en nombre, fut obligée de se retirer et de regagner Toulon. Cette opération fut si heureuse pour les assiégés, que l'armée royale se vit forcée à lever le siége, et Philippe v se détermina à retourner à Madrid.

Animé par ce succès, l'archiduc sortit de Barcelone; et entrant en Arragon, il y reçut l'hommage de toutes les villes par où il passa, jusqu'à Daroca.

La rebellion continuait dans le royaume de Valence, où les révoltés s'étaient emparés de Xativa. Dans quelques endroits, comme à Quarte et à Villaréal, les mécontens résistèrent aux troupes du roi avec tant d'acharnement que celles-ci furent obligées de mettre le feu à leurs habitations quand il était impossible de vaincre autrement leur obstination désespérée. Les troubles n'étaient pas moindres dans le royaume d'Arragon, et il n'avait pas moins à souffrir des ravages de la guerre. Carthagène, dans le royaume de Murcie, tomba au pouvoir de l'ennemi, et Philippe v se vit réduit au point de ne conserver en Catalogne d'autre place que Roses; en Arragon celle de Buca, et celles d'Alicante et de Pegniscola (1) dans le royaume de Valence.

---

(1) J'écris Pegniscola à cause de la prononciation; en espagnol, ce mot, ainsi que beau-

D'autre part, les Portugais, renforcés par les troupes d'Angleterre et de Hollande, pénétraient dans les deux Castilles. Déjà maîtres d'Alcantara, Rodrigueville et Salamanque, rien ne semblait devoir les arrêter; cependant ils ne conservèrent pas cette dernière ville, parmi les habitans de laquelle ils trouvèrent trop de mécontentement et d'opposition.

Le roi voyant le danger qui le menaçait dans Madrid, où les alliés s'avançaient du côté du Portugal et de celui de la Catalogne, sentant la difficulté d'empêcher la jonction des deux armées, se détermina à transférer la cour à Burgos. La reine s'y retira avec tous les tribunaux, et le roi se rendit à Sopetran où était campé le gros de ses troupes sous le commandement de Berwick.

Les confédérés ne tardèrent pas à arriver à Madrid qui leur ouvrit ses portes sans opposer de résistance, mais à regret; Tolède suivit cet exemple. Dans cette situation critique on proposa à Philippe de

---

coup d'autres, s'écrit par un *n* surmontée d'une barre, dont la prononciation est la même que celle de l'n précédée d'un g.

quitter l'Espagne pour se mettre en sûreté en France; mais le roi s'y refusa avec une fermeté héroïque, protestant qu'au péril de sa vie, il défendrait sa couronne et n'abandonnerait jamais des vassaux qui l'avaient soutenu avec tant de fidélité. Cette constance du souverain redoubla le courage de ses guerriers, qui, quoiqu'en petit nombre, jurèrent de verser pour lui jusqu'à la dernière goutte de leur sang. On s'arrêta un peu plus long-temps à l'idée qui vint au monarque, ou qui lui fut suggérée par ses ministres, de passer au Mexique et d'y établir le siége de l'empire espagnol; mais ces projets s'évanouirent en vains discours.

L'armée portugaise, après avoir envoyé à Cuença un détachement qui força cette ville à se rendre au bout de trois jours d'une vigoureuse résistance, laissa la ville de Madrid, avec quelques troupes, aux soins du comte de Las Amayuelas, et partit pour se réunir avec l'archiduc à Guadalaxara. Un corps de cavalerie ne tarda pas à s'avancer sur Madrid pour reconquérir cette ville à Philippe v; il y réussit en effet, et fit prisonnier de guerre le comte de Las Amayuelas; succès que les Madrillois célébrèrent avec les plus grandes démonstrations de joie.

Les alliés ne surent pas profiter de l'occasion de subjuguer tout d'un coup la Castille avec les forces réunies des deux armées ; et tandis que la discorde qui régnait entre leurs généraux suspendait toutes leurs opérations, Philippe réorganisait ses escadrons, et sans risquer de bataille, harcelait l'ennemi par de fréquentes escarmouches qui le fatiguèrent et diminuèrent considérablement son arrière-garde. L'archiduc, par cette raison, instruit aussi de la mauvaise réception que Madrid avait faite aux Impériaux, ne voulut pas s'exposer au désagrément de n'être reçu dans cette ville que par force ; réservant pour une occasion plus favorable son entrée dans la capitale, il marcha à Valence et de là à Barcelone dont les habitans demandaient son retour. Alors le roi don Philippe revint à Madrid, où il fut reçu avec une réjouissance générale, et où la reine, quittant Burgos, ne tarda pas à le rejoindre.

Les ennemis avaient forcé Alicante à se rendre, malgré la brillante défense qu'y firent les habitans. Quelques temps auparavant, Carthagène était tombée en leur pouvoir par la trahison du comte de Santa-

Cruz, qui passa au parti des confédérés en leur livrant les galères sur lesquelles il portait un secours d'argent à la place d'Oran, étroitement assiégée par les Mores. Ils firent quelques tentatives contre Murcie, mais cette ville demeura fidèle et les obligea à renoncer à leur dessein. Salamanque résista également à la seconde invasion des alliés. On recouvra Alcantara, Cuença et Orihuela, qui, dans la révolution générale, était aussi tombée dans les mains de l'ennemi. Carthagène et Elche furent reprises avec le même bonheur.

La Navarre défendait courageusement ses frontières; les îles Canaries ne montrèrent pas moins de loyauté et de fermeté; Ténériffe, sommée de se rendre par une escadre ennemie, lui opposa tant de résistance que force lui fut de se retirer. Il n'en arriva pas de même à Mayorque : vainement le vice-roi refusa-t-il de la livrer aux Anglais qui la menaçaient avec une escadre; la garnison elle-même, et les habitans des environs de Palma se soulevèrent et facilitèrent à l'archiduc l'entrée de la place, d'où s'ensuivit la reddition de l'île entière et de celles de Minorque, Ibiza et Formentera.

La même année 1706, n'était pas moins féconde en disgraces dans les Pays-Bas et en Italie. En Brabant l'ennemi gagna la bataille de Ramillies, et se rendit maître de Bruxelles, Louvain, Bruges, Gand, Ostende et autres places qui avaient appartenu aux Espagnols. En Italie, Vendôme battit les Allemands près de Calcinato; mais le duc d'Orléans ayant mis une seconde fois le siége devant Turin, le prince Eugène culbuta les Français, les força à se retirer avec grande perte et s'empara successivement de Milan, Novarre, Paria, Cazal et autres points importans, qui assurèrent dans ce pays la supériorité au parti impérial, sans que la France et l'Espagne pussent contrebalancer tant d'échecs par la glorieuse victoire qu'ils remportèrent près de Castiglione.

Les choses changèrent de face au printemps de l'année 1707, lorsque notre armée, commandée par le duc de Berwick, remporta dans les champs d'Almansa, ville du royaume de Murcie sur les confins de celui de Valence, une victoire aussi complette que signalée. Les ennemis, suivant les relations de ce temps, y perdirent près de dix-huit mille hommes, tant tués que blessés et prisonniers, leurs bagages et leur artillerie. En mémoire de cet heureux événement, le roi fit élever une colonne sur le champ de bataille; les Espagnols et les Français redoublant d'ardeur, firent, dans le cours de cette année et de la suivante, de si rapides progrès que les royaumes d'Arragon et de Valence rentrèrent sous l'obéissance de Philippe, de même que quelques villes et territoires de la Catalogne, comme Lerida, Tortosa, Puicerda et toute la Cerdagne. Xativa, dans le royaume de Valence, résista avec une ténacité indicible, et fermant l'oreille à toute proposition de soumission, éprouva toute la rigueur de la guerre. Les assiégeans conçurent une telle fureur contre les assiégés, qu'en entrant dans la ville ils la saccagèrent et passèrent au fil de l'épée une grande partie des habitans. En vain le général de nos troupes s'efforça-t-il d'arrêter leur furie, la ville fut presque entièrement détruite. Elle fut rebâtie depuis, et changea son nom de Xativa contre celui de Saint-Philippe.

On assure qu'à la fin de cette campagne il ne restait pas aux alliés une armée de plus de cinq à six mille hommes. Les Portugais perdirent Moura, Serpa et Rodrigueville; et à tant de prospérités se joignit la naissance d'un prince auquel la reine donna le jour, au grand contentement de ses sujets; ce prince a régné depuis sous le nom de Louis 1er.

Les nouvelles d'Italie n'étaient pas aussi favorables; les Impériaux suivant le cours de leurs succès, s'y étaient emparés de Modène et de Suze, et qui plus est, du royaume de Naples dont la capitale se déclara en leur faveur, et qui resta tout entier en leur pouvoir par la réduction de Gaëta.

En 1708, les Anglais occupèrent la Sardaigne et y laissèrent pour vice-roi le comte de Cifuentes, qui suivait le parti de l'Autriche; ils revinrent ensuite sur Minorque, que les Espagnols avaient reconquis l'année précédente, et dont ils s'emparèrent une seconde fois. Oran tomba aussi au pouvoir des Mores après un siége très-obstiné.

CHAPITRE XXVIII.

Continuation du règne de Philippe V jusqu'à la paix d'Utrecht.

Les alliés commencèrent à renforcer leur armée en 1709, et les conditions de paix qu'ils offraient étaient si dures et si ignominieuses, que bien que la France ne sentît déjà que trop le poids d'une guerre aussi longue contre les principaux potentats de l'Europe, elle préféra la continuer. Philippe V parut plus déterminé que jamais à ne point renoncer au trône, quoique, à mesure que les ennemis déployaient un nouveau courage et de nouvelles forces, les secours de la France allassent en diminuant. Ce royaume épuisé de troupes et de généraux pour soutenir la guerre en Flandre, en Allemagne et ailleurs, fut réduit à l'impossibilité de secourir l'Espagne par la perte de la funeste bataille de Malplaquet dans les Pays-Bas.

Dans ces circonstances, le pape Clément XI, qui avait toujours été en faveur de Philippe V, se vit contraint à reconnoître l'archiduc pour roi d'Espagne, et à donner passage par l'État ecclésiastique aux troupes impériales qui se rendaient à Naples. Le roi catholique fit en conséquence sortir d'Espagne le nonce de Sa Sainteté, et fermer le tribunal de la nonciature.

Les hostilités continuaient sur la frontière de Portugal ; dans un combat livré près de Badajoz dans les champs de Gudigna, les Portugais et les Anglais furent vaincus avec perte de trois mille hommes, tant tués que prisonniers.

La campagne de Catalogne n'offrit cette année aucun événement important, à l'exception de la prise de Balaguer par le général allemand Staremberg. Quelques rencontres particulières qui eurent lieu, furent, en général, plus favorables aux nôtres qu'aux ennemis ; mais les progrès des armes espagnoles et françaises eussent été plus considérables, s'il n'était survenu, entre les troupes des deux nations, des discordes fatales qui ne cessèrent que lorsque le roi don Philippe, partant en poste, rétablit par sa présence la bonne harmonie.

Le roi passa à Saragosse, en 1710, et se mettant à la tête de son armée marcha en Catalogne et s'efforça d'attirer les alliés en bataille rangée. Comme ils s'y refusèrent, il se contenta de les harceler par quelques escarmouches, et prit la ville de Cervera, ainsi que divers châteaux et villes de moindre importance. Mais à Almenara, l'ennemi, qui venait de recevoir un nouveau renfort, assaillit les troupes du roi au moment où elles se trouvaient dispersées ; et quoique, dans le principe, l'archiduc repoussé fût obligé de se réfugier à Balaguer, il ramena la victoire et força Philippe V à se retirer à Lérida. Les confédérés pénétrèrent alors de nouveau dans l'Arragon ; dans un autre choc leur perte excéda la nôtre, mais enfin on en vint aux mains dans les environs de Saragosse, en bataille rangée ; le succès en fut fatal à Philippe dont l'armée, malgré sa valeur, ne put résister à la supériorité de nombre des ennemis. Le fruit de cette victoire fut la prise de Saragosse, et les confédérés, pénétrant de nouveau en Castille, s'avancèrent triomphans vers Madrid. Le roi transféra sa cour et les tribunaux d'abord à Valladolid, puis ensuite à Vitoria ; au milieu de ces désastres, loin que le dévouement et la fidélité des sujets de Philippe fussent ébranlés, il n'est démonstration de zèle qu'il ne reçût d'eux. Les provinces attachées à ce monarque firent des efforts incroyables pour le maintenir sur le trône, et mirent sur pied une nouvelle armée que le duc de Vendôme vint commander à côté de Philippe V.

Les Castillans s'emparent de Balaguer, par un stratagème, et en détruisent les fortifications; pendant le même temps les alliés entrent à Madrid avec l'Archiduc, après avoir dévasté la nouvelle Castille. Ni la force des armes, ni les manifestes répandus avec profusion, ne pouvaient soumettre les esprits à la domination autrichienne. Révoltés contre l'oppression, les bourgeois de la capitale tenaient leurs portes fermées, les villages circonvoisins refusaient d'y apporter les provisions de nécessité quand ils n'y étaient pas contraints par la violence; et l'entrée du nouveau souverain ne fut applaudie, dans Madrid, que par des enfans et quelques hommes du peuple à qui l'argent ou les menaces arrachèrent de faibles acclamations.

L'archiduc, mécontent de cette réception, sortit de Madrid, et se fit bientôt suivre de son armée, qui s'y corrompait par l'oisiveté et les vices qui en sont la suite. Ce prince retourna à Barcelone qu'il craignait que son absence ne lui fît perdre, et Staremberg, quittant Tolède où il avait pris ses quartiers d'hiver, s'avança vers l'Arragon. Philippe V rentra dans Madrid, au milieu de l'allégresse publique, mais n'y restant qu'un moment, il retourna à la tête de son armée. Celle des ennemis, pressée d'arriver en Catalogne pour faire tête à un corps de troupes françaises qu'on annonça être en marche sous les ordres du comte de Noailles, se partagea en deux divisions : l'une des Impériaux, aux ordres de Staremberg, qui s'avançait à grands pas ; l'autre des Anglais et de quelques Portugais, sous le commandement de Stanhope, qui était demeurée en arrière, et passait la nuit à Brihuega. Notre armée, forçant la marche, non-seulement y atteignit Stanhope, mais jetta même en avant un détachement qui coupa sa communication avec le général autrichien. On donna un assaut vigoureux à la ville où les ennemis avaient réussi à se fortifier ; et après une résistance opiniâtre, ils furent obligés de se rendre à discrétion au nombre de cinq mille hommes avec beaucoup d'officiers. Sans s'arrêter, Philippe marche au devant de Staremberg, qui déjà revenait avec ses troupes au secours de Stanhope ; lui présente la bataille dans les environs de Villaviciosa, et remporte un triomphe si complet que l'armée des alliés, supérieure en nombre, est réduite à huit mille hommes, qui, poursuivis par le vainqueur, lui abandonnent leur artillerie, et sont chassés de l'Arragon et de la Castille. Ces deux actions dans lesquelles le roi, sans se déshabiller pendant trois nuits consécutives d'un hiver rigoureux, doubla l'ardeur belliqueuse des soldats espagnols par l'exemple de la sienne, furent celles qui principalement affermirent son trône, et donnèrent d'autant plus d'éclat à ses armes que les ennemis combattirent avec une valeur plus signalée. Philippe se dirigea vers Saragosse et rentra victorieux dans la même ville qui peu de temps auparavant avait été témoin de sa défaite. Il régla les tribunaux d'Arragon comme il avait fait ceux de Valence, en les assujettissant aux lois de Castille, et abolit nombre de priviléges dont ces deux royaumes avaient joui dans les siècles précédens.

A la fin de cette année et au commencement de la suivante, 1711, les succès du roi catholique s'accrurent par la conquête de Gerona, Solsona, Arens, Cardona et autres villes de Catalogne; il força aussi les Portugais à renoncer à l'attaque de nos frontières pour se réduire simplement à la défense des leurs.

La mort du dauphin, père de Philippe, événement affligeant pour ce prince, fut bientôt suivie de l'avis du départ pour Vienne, de l'archiduc Charles, frère de l'empereur Joseph 1er, qui venait de mourir sans enfans : nouvelle importante qui changeait la face des affaires.

L'archiduc ne tarda pas à être élu empereur sous le nom de Charles VI ; et de ce moment, ses alliés, les Anglais et les Hollandais, eurent intérêt à ce que ce prince ne parvînt point à la couronne d'Espagne, persuadés qu'il serait aussi formidable que Charles-Quint si, aux Etats de la maison d'Autriche et au trône impérial, il réunissait la monarchie espagnole. Dèslors, ils se refroidirent dans l'entreprise; et ne se proposaient plus d'autre but que l'ancienne résolution de partager entr'eux l'Espagne, ou au moins d'en démembrer quelques possessions. Cette disposition des alliés, la défaite qu'essuya le prince Eugène à Landrecies et à Denain, et le bonheur qu'eut Philippe de se trouver déja maître d'Arragon, de Valence, et d'une partie de la Catalogne, accélérèrent la conclusion de la paix, qui fut signée à
Utrecht

Utrecht en 1713. Ses principales conditions furent que le duc d'Anjou serait reconnu pour légitime souverain d'Espagne et des Indes, en renonçant pour soi et ses descendans à la succession de la couronne de France, comme aussi les ducs de Berri et d'Orléans à celle d'Espagne : que la Sardaigne, Naples et Milan seraient adjugés à l'empereur : qu'on céderait au duc de Savoie la Sicile, qu'il troqua depuis avec l'empereur contre la Sardaigne : que presque toutes les villes de Flandre qui avaient appartenu à l'Espagne, demeureraient à la garde des Hollandais, la maison d'Autriche en conservant néanmoins le domaine suprême : et que l'Angleterre conserverait Gibraltar et Port-Mahon, avec l'île de Minorque qu'elle avait conquise. Ce fut tout le fruit que les Anglais retirèrent d'une si longue guerre ; et les grands avantages que le Portugal s'était promis se réduisirent à recouvrer les places qu'il avait perdues sur la frontière, et à l'acquisition de la propriété de la colonie du Saint-Sacrement, avec la réserve, de la part de l'Espagne, de pouvoir la racheter par un équivalent qu'elle proposerait.

L'empereur, qui ne renonçait point à ses prétentions sur l'Espagne, n'accéda point au traité d'Utrecht ; néanmoins les troupes impériales abandonnèrent Barcelone, et presque toutes les villes de Catalogne furent obligées de se soumettre à Philippe v. Barcelone, quoique réduite à ses propres forces, fut celle qui tarda le plus à se rendre. Les Castillans et les Français l'assiégèrent par terre, la bloquèrent par mer, la bombardèrent et, sous le commandement du maréchal de Berwick, lui livrèrent des assauts multipliés et terribles, jusqu'à ce qu'enfin, par suite d'une attaque générale, les Barcelonais se rendirent à discrétion en 1714 : heureux que notre armée, loin d'abuser de la victoire, les traitât humainement, ainsi que le roi l'avait ordonné, leur laissant leurs biens et leurs vies. Les Catalans perdirent néanmoins la majeure partie de leurs antiques priviléges, par une suite des lois imposées aux Valenciens et aux Arragonnais pour des motifs presque semblables. L'année suivante, on prépara une expédition contre Mayorque, et cette île, ainsi que celles d'Ibiza, de Formentera et de Cabrera, cédèrent aux armes espagnoles.

CHAPITRE XXIX.

Continuation du règne de Philippe V, et sa dernière partie depuis la mort de Louis Ier.

PHILIPPE, rétabli dans la possession de ses états, se dévoua à les gouverner en paix et par la justice et à réparer, autant qu'il était possible, les maux que les troubles et les dépenses excessives de la guerre avaient occasionnés. Il se trouvait âgé de trente-un ans et veuf de la reine Marie-Louise de Savoie qui était morte en 1714, laissant deux fils : l'un était le prince des Asturies, don Louis, l'autre, l'infant don Fernand qui régna depuis sous le nom de Fernand VI. Le roi contracta, dans cette même année, un second mariage avec dona Isabelle Farnèze, princesse héréditaire de Parme qui, par son esprit élevé et ses talens cultivés par l'étude, mérita une place distinguée parmi les reines célèbres de l'Espagne. Le premier infant auquel cette reine donna le jour fut don Carlos, depuis roi.

En 1715, mourut Louis XIV; et comme son neveu le duc d'Orléans, qui gouvernait le royaume pendant la minorité de Louis XV, suivait une politique bien différente de Louis-le-Grand, il en résulta entre les cours de Versailles et de Madrid, des mésintelligences inattendues. D'un côté le régent y donna lieu en concluant, sans égard pour Philippe V, une ligue appelée *la triple Alliance avec l'Angleterre et l'Empereur;* de l'autre part, le cardinal Jules Alberoni y mit le comble en suivant en France une secrette et artificieuse négociation pour dépouiller le duc d'Orléans de la régence. Les choses en vinrent au point que la France commença des hostilités contre le roi catholique; mais heureusement elles durèrent peu, et la bonne harmonie se rétablit; Philippe V accepta le traité de la triple alliance, qui depuis s'appela *quadruple* par l'accession de la Hollande; et il éloigna le cardinal Alberoni dont la chute ne fut pas moins étrange que l'avait été sa fortune.

Durant le gouvernement de ce cardinal, le roi catholique commença à mettre à exécution le projet de recouvrer les états perdus en Italie. En 1717, il conquit l'île de Sardaigne, cédée à l'empereur pour le bien de la paix et le cabinet espagnol alléguait, pour justifier cette conquête, les plaintes qu'il avait à former contre Charles VI, qui favorisait les prétentions des Catalans et des Mayorquins, et dont les troupes n'évacuaient pas entièrement la Catalogne, ainsi qu'il était convenu par le traité d'Utrecht. Notre escadre envahit aussi l'île de Sicile ; mais une escadre anglaise empêcha le succès de cette expédition.

Tous les troubles terminés par la paix, on publia, en 1721, le mariage du prince des Asturies, don Louis, avec dona Isabelle d'Orléans, fille du duc régent ; et en 1724, l'Europe entière admira la résolution inopinée que prit le roi catholique, de renoncer à la couronne en faveur du même don Louis, et de se retirer dans la maison royale de Saint-Ildephonse, où il avait bâti un palais avec des jardins magnifiques et délicieux. Philippe V quitta le trône au moment où il pouvait recueillir tranquillement les fruits des travaux héroïques par lesquels il l'avait acquis, laissant ainsi une noble preuve de grandeur et de philosophie chrétienne ; bien supérieur en cela aux monarques qui n'ont abdiqué la couronne, que lorsque, victimes de l'adversité, ils se sentaient incapables d'en soutenir le

Don Louis I.er

poids. Mais Louis 1ᵉʳ, dont les qualités brillantes annonçaient un règne heureux, jouit à peine du pouvoir souverain ; il fut emporté par la petite-vérole à la fleur de l'âge, à dix-sept ans.

Philippe v résista d'abord aux instances de la reine, des grands et des tribunaux qui, au nom de la nation entière, le suppliaient de reprendre les rênes du gouvernement ; mais il s'y rendit enfin, malgré le goût qu'il avait pris pour sa retraite, et fit immédiatement proclamer prince des Asturies l'infant don Fernand.

<small>Philippe ii, une seconde fois.</small>

Il continua à gouverner pacifiquement jusqu'en 1727, que la bonne intelligence entre la France et l'Angleterre fut troublée ; on en vint à une rupture dont les conséquences ne furent cependant pas considérables, car les hostilités ne furent point poussées avec vigueur, et elles ne durèrent pas plus d'un an.

En 1731, par la mort du duc de Parme et de Plaisance, Antoine Farnèze, père de la reine dona Isabelle, ces duchés retombèrent sur l'infant don Carlos, ainsi que le droit à celui de Toscane, attendu que le dernier grand-duc de la famille des Médicis n'avait pas d'enfans. Tandis que l'empereur différait de donner à don Carlos l'investiture promise de Parme et de Plaisance, les Anglais qui, par un traité conclu avec Philippe V à Séville (où était alors la cour), s'étaient engagés à assurer à l'infant la propriété de ces Etats, unirent leur escadre à celle d'Espagne; et toutes deux portèrent en Italie des troupes espagnoles qui entrèrent en garnison dans diverses places de la Toscane. L'infant partit pour l'Italie, en passant par Valence et Barcelone, et prit possession solennelle de son nouvel héritage.

La paix dont l'Europe jouissait depuis la paix d'Utrecht, à l'exception des deux guerres passagères de l'Espagne contre la France et contre l'Angleterre, cessa en 1731. Le motif fut l'élection au trône de Pologne de Stanislas que son gendre Louis XV voulut soutenir contre l'empereur qui, de son côté, prétendait porter à ce trône Auguste III, électeur de Saxe. La guerre s'alluma, le roi don Philippe y prit part, et celui de Sardaigne se déclara en faveur de la maison de Bourbon; l'Angleterre et la Hollande restèrent neutres.

Notre armée entra dans le royaume de Naples sous les ordres de l'infant don Carlos, dirigé par le duc de Montemar. Ce général, qui venait de reconquérir Oran sur les Mores, avec autant de gloire pour les armes espagnoles que de perte pour ces barbares, attaque les Impériaux à Bitonto, dans leurs tranchées, les met en déroute, reste maître du champ de bataille, et par la réduction de Gaëta, Cortone et Capoue, assujettit en une seule campagne le royaume entier à l'obéissance jurée à l'infant. L'île de Sicile ne tarda pas à se rendre, et le roi don Carlos se vit, dès cet instant, paisible possesseur des royaumes de Naples et des Deux-Siciles. Le gouvernement heureux et sage de ce monarque vivra éternellement dans la mémoire de ses sujets, et l'Europe a applaudi à ses actions, dignes d'un souverain bienfaisant et protecteur des arts.

Les avantages remportés dans cette partie par les Espagnols, et ceux qu'obtinrent à Milan les Français, abattirent les forces de l'empereur et accélérèrent la conclusion de la paix, signée à Vienne en 1735, par laquelle la maison d'Autriche reconnut le nouveau roi de Naples et Sicile, et acquit les duchés de Parme et de Plaisance. On conserva à Stanislas le titre et les prérogatives de roi, et le grand duché de Toscane fut assuré à sa famille, pour l'indemniser des Etats de Lorraine et de Bar, qui devaient passer au pouvoir de la France.

Quelques intérêts de commerce et la contrebande excessive que les Anglais fesaient en Amérique, occasionnèrent une nouvelle guerre entre eux et les Espagnols en 1739. Peu de temps après, les armes d'Espagne, sous le commandement de don Sébastien de Eslaba et de don Blas de Leso, obtinrent à Carthagène, en Amérique, l'incroyable (1) triomphe de repousser l'amiral Vernon, qui, avec un armement le plus puissant qu'on eût jamais vu sur ces côtes, attaqua la place défendue par des soldats peu nombreux mais vaillans.

Pendant cette guerre, presque toute maritime, une autre commença par terre, en Italie, contre les Impériaux. L'empereur Charles VI était mort en 1740, et avec lui s'était éteinte la ligne autrichienne masculine; sa fille l'archiduchesse Marie Thérèse, alors grande-duchesse de Toscane et couronnée reine de Hongrie, prétendit lui succéder. La France prit les armes en faveur des prétentions de l'électeur de Ba-

---

(1) Qu'on ne regarde pas cette épithète comme une épigramme; elle est traduite littéralement du *Naif Yriarte*.

vière, proclamé empereur sous le nom de Charles VII; et Philippe V renouvella les siennes sur les Etats de Milan et de Parme. L'armée espagnole ayant à sa tête l'infant don Philippe, second fils de la reine dona Isabelle Farnèze, et conduite successivement par le duc de Montemar, le comte de Gages, et le marquis de la Mina, fit d'importans et rapides progrès dans la Lombardie. Soutenue par des troupes françaises aux ordres du prince de Conti, pendant les années 1744 et 1745, elle occupa un grand nombre de places en Piémont et en Savoie (dont le souverain, le roi de Sardaigne, s'était déclaré en faveur de la reine de Hongrie), ainsi que dans les duchés de Milan, de Plaisance et de Parme. Mais la campagne de l'année suivante fut plus heureuse pour les Impériaux et les Piémontais dont les forces, supérieures en nombre, recouvrèrent presque toutes ces conquêtes. Cette guerre obstinée dans laquelle les fréquentes batailles gagnées ou perdues par les Espagnols, honoraient également leur valeur et leur constance, cette guerre, dis-je, durait encore lorsque survint la mort de Philippe V en 1746. Il est inutile de dire combien elle fut vivement ressentie par ses sujets, quand on considère ce que le roi fit pour eux, et ce qu'ils firent pour le roi. Ils en reçurent tous les bienfaits que les besoins de l'État purent lui permettre de répandre, et le trouvèrent toujours disposé à récompenser les actions louables, à protéger le talent et l'application, à corriger les abus et à faciliter les progrès de la nation dans tous les genres. Il rétablit la discipline militaire; créa une marine, dont manquait absolument, à la fin du règne de Charles II, la puissance à laquelle elle est le plus nécessaire; réforma plusieurs tribunaux, et fonda des établissemens dirigés vers l'utilité autant que vers l'éclat de la monarchie : tels furent la bibliothèque royale de Madrid; le séminaire destiné à l'éducation des nobles; l'université de Cervera; l'académie espagnole, dont l'institution a pour but de conserver la pureté de la langue castillane; celle d'histoire; outre d'autres monumens distingués, de piété, de sagesse et de libéralité vraiment royales. Les Espagnols trouvèrent dans ce souverain, le grand Philippe V que Lorenzo Gracien semblait leur prédire dès le siècle précédent, lorsque, bien éloigné de desirer que cela se vérifiât dans un Bourbon, il disait : « J'examine s'il ne paraît pas quelques-uns de ces cinquièmes si fameux et si admirés : un Fernand v, un Charles v, et un Pie v. Puisse-t il naître un Philippe v en Espagne ! Si elle pouvait le produire, quel grand roi il devrait être, réunissant en soi toute la valeur et le savoir de ses prédécesseurs ! » (1)

---

(1) Ce prince si vanté, eut quelques qualités militaires, et le travail facile ; mais faible de caractère, il ne fut jamais roi ; les femmes et les confesseurs le gouvernèrent : dès avant sa première retraite il était tombé dans une maladie de vapeurs, approchant de l'imbécillité. Il changeait la division des temps, dormait un jour quinze heures, le deuxième, six ou sept, et le troisième, ne se couchait pas ; soupait à midi, à tâtons, en fesant fermer les volets des fenêtres ; dînait le soir, dormait quatre ou cinq heures dans ses repas, et passait sa vie à deviner des énigmes, souvent ordurières. Quoique jouissant d'une santé robuste, il ne se rasait et ne se lavait les mains que de mois en mois. On peut consulter à cet égard les Mémoires, mal écrits, mais très-véridiques, de Saint-Simon.

CHAPITRE XXX.

Règne de Fernand VI jusqu'à l'exaltation au trône de Charles III.

DANS la même année de 1746 où mourut don Philippe V, son fils don Fernand VI, qui depuis 1729 avait épousé dona Maria Barbara de Portugal, princesse du Brésil, monta sur le trône. Ce souverain naturellement porté à la paix, et persuadé qu'elle était nécessaire à l'Espagne, ne put atteindre ce but important qu'en 1748 où se completta le grand ouvrage de la pacification générale par le traité d'Aquisgran ou d'Aix-la-Chapelle.

Dans le cours de la guerre en Italie, les Espagnols et les Français avaient secouru Gênes et l'avaient défendue contre les Autrichiens et les Piémontais, qui y entrèrent d'abord et traitèrent avec la plus grande dureté ces républicains attachés à la maison de Bourbon. Chassés de la ville par les habitans eux-mêmes, ils en méditaient la ruine totale lorsque les troupes auxiliaires d'Espagne et de France les obligèrent à se

Don Fernand VI.

retirer. A l'exception de cette expédition, notre armée n'avait rien pu faire de considérable en raison de l'infériorité de ses forces comparées à celles de l'impératrice, qui, libre de l'opposition du roi de Prusse au moyen d'une réconciliation et d'un accord qui lui coûta la Silésie, avait rassemblé en Italie les troupes nombreuses avec lesquelles elle faisait tête en Allemagne à ce conquérant. Mais les puissances ennemies cédèrent, lorsque, dans les Pays-Bas et en Hollande, Louis XV eut soumis un grand nombre de places, les unes en personne, les autres par ses généraux, (parmi lesquels se distingua le comte et maréchal de Saxe), et qu'il eut gagné les glorieuses batailles de Raucoux, Laufeld et Fontenoi. Les hostilités sanglantes qui pendant huit années avaient détruit les provinces les plus florissantes de l'Europe, cessèrent enfin. La reine de Hongrie fut reconnue impératrice et elle recouvra le duché de Milan. Ceux de Parme, Plaisance et Guastalla furent cédés à don Philippe, et les différens avec l'Angleterre sur des points de commerce et autres furent ajustés. Fernand VI resserra depuis la bonne intelligence entre sa cour et celle de Turin par le mariage de sa fille, l'infante dona Maria avec Victor Amédée, alors prince héréditaire de Sardaigne. Aussitôt que l'Espagne commença à se reposer des troubles et des calamités de la guerre, le monarque tourna toute son attention vers le rétablissement du commerce, l'extension de la navigation, l'encouragement des manufactures, la construction de chemins et canaux publics, enfin vers le progrès des arts et de tout ce qui tient à l'économie politique; tâche convenable à un règne pacifique et qui, généralement oubliée du temps des rois autrichiens, avait obtenu de Philippe V les soins les plus vigilans, au milieu même des opérations militaires dont il était continuellement occupé.

Le roi Fernand suivant un système aussi sage et n'employant ses flottes qu'à protéger le commerce, ne prit pas de part à la guerre qui s'alluma, en 1757, entre les Anglais et les Français. Ces derniers, dans une expédition commandée par le maréchal de Richelieu, conquirent port Mahon et toute l'île de Minorque, qui depuis fut restituée à l'Angleterre par le traité de Paris en 1753, et enfin a été rendue à l'Espagne par la paix de 1783.

Une des sages dispositions de Fernand VI, fut la conclusion, en 1753, d'un concordat avec la cour de Rome qui, terminant les antiques différens sur le patronat royal, le laissa annexé à perpétuité à la couronne. Dès-lors fut assuré au roi le droit de présenter aux dignités, prébendes et bénéfices ecclésiastiques d'Espagne, à l'exception de cinquante-deux dont la provision est réservée au Saint-Siége.

On doit à ce monarque l'établissement de l'académie royale de Saint-Fernand à Madrid, destinée à cultiver l'étude des trois nobles arts, la peinture, la sculpture et l'architecture, et celle de la gravure. Dès l'année 1744, le roi Philippe V avait approuvé une société préparatoire qui huit ans après se forma en académie; elle envoya à Rome des élèves de peinture et d'autres à Paris, aux frais du trésor public, pour apprendre la gravure des estampes et des sceaux et le tracé des cartes géographiques. Telle fut l'origine des progrès de ces arts que nous voyons aujourd'hui fleurir non-seulement dans la capitale, mais encore dans les principales villes du royaume où Charles III a étendu la protection qu'il accordait à des travaux aussi utiles.

Le ministère fit également voyager au dehors des sujets habiles destinés à différentes carrières et professions, pour acquérir de nouvelles lumières et se rendre plus utiles à la patrie.

En 1756 le roi établit à peu de distance de Madrid, le jardin royal botanique qui a été depuis transféré avec de grands embellissemens dans la promenade du Prado; la reine dona Maria Barbara fonda aussi à Madrid le magnifique monastère de Las-Salesas, pour l'éducation de demoiselles nobles.

Cette princesse mourut peu de temps après, et il survint au roi son époux, une longue et pénible infirmité dont il mourut en 1759 sans laisser d'enfans. Les larmes de ses vassaux pour la perte d'un monarque pacifique qui leur montra toujours tant d'amour, ne pouvaient être séchées que par la consolation de se voir gouvernés par un successeur auguste, son frère, qui, déjà à Naples, s'était montré vraiment digne du trône.

Charles III, cédant, dans la même année dans une solemnité publique la couronne des Deux-Siciles à son fils Fernand IV, lui ceignit la même épée que Philippe V lui avait ceinte en le plaçant sur le trône, et lui dit ces paroles : « Louis XIV, roi de France, donna cette épée à Philippe V votre aïeul et mon père; je la reçus de lui, et je vous la transmets pour que vous l'employiez à la défense de la religion et de vos vassaux. »

L'escadre qui portait le souverain avec son épouse dona Maria Amalie de Saxe, et la famille royale, mit à la voile de Naples pour l'Espagne; le débarquement eut lieu à Barcelone d'où ils se mirent en route, par Sarragosse, pour Madrid où ils furent reçus avec des démonstrations de joie singulière qui se répétèrent lorsque don Carlos, fils aîné de notre monarque, fut proclamé prince des Asturies. Sur les qualités brillantes de son altesse et de son aimable épouse la princesse dona Marie-Louise de Bourbon, fille de l'infant don Philippe, duc de Parme, la monarchie fonde l'espoir de sa plus grande prospérité, en même temps qu'elle prie le ciel de prolonger le règne du juste et pieux Charles III, règne si plein de succès importans qu'il fournira à la postérité ample matière d'admiration et d'éloges (1).

---

(1) Tant d'adulations pourraient persuader que Fernand VI et Charles III furent de grands rois, si leur excès même n'avertissait que l'historien est un courtisan.

ÉPILOGUE.

En reparcourant les diverses époques de notre histoire, nous pouvons, pour leur plus facile intelligence, les réduire à sept principales, sans compter les temps obscurs et reculés dans lesquels les Celtes, les Phéniciens, les Grecs et d'autres nations établirent des colonies en Espagne.

Première époque. Entrée des Carthaginois et leur domination dans presque toute la péninsule : commença environ cinq cents ans avant Jésus-Christ.

Deuxième époque. Domination des Romains qui expulsèrent les Carthaginois, deux cents ans à-peu-près avant Jésus-Christ.

Troisième époque. Règne des Goths, des Suèves, des Alains, etc. qui commencèrent à dépouiller les Romains de l'empire d'Espagne au commencement du cinquième siècle.

Quatrième époque. Domination des Sarrazins ou Mores qui détruisirent la monarchie Gothique en 714.

Cinquième époque. Restauration de la monarchie entreprise par les descendans des mêmes Goths, peu après l'irruption des

Mahométans, et continuée jusqu'à leur expulsion qui fut terminée par la conquête de Grenade, sous les rois catholiques don Fernand et Isabelle, en 1492.

Sixième époque. Règne de la maison d'Autriche qui commença par Philippe le Beau en 1506, et finit avec Charles II en 1700.

Septième époque. Règne de la maison de Bourbon qui commença par Philippe V en 1700, et dure encore.

SUPPLÉMENT.

Règne de Charles III.

L'abrégé qu'on vient de lire, écrit avec les vues étroites qui marquent, à la plupart de nos historiens modernes une place si inférieure aux grands modèles de l'antiquité, n'offre guères que l'histoire des révolutions militaires et des dynasties qui ont régné sur l'Espagne. Le gouvernement, la législation et les mœurs, objets d'un intérêt bien majeur, attendent encore en Espagne un Mably.

Je m'écarterais de mon but pour ne tracer qu'une esquisse imparfaite, si, dans l'abrégé qu'on va lire du règne de Charles III, j'abandonnais le plan d'Yriarte et voulais indiquer les causes des événemens, d'ailleurs médiocrement importans, du règne de ce monarque, et dévoiler la faiblesse de son administration, dirigée, moins par lui-même que par ses ministres. Je me réduis donc à-peu-près au rôle de traducteur et je suivrai, en l'abrégeant, l'auteur d'une Vie de Charles III, publiée à Madrid *avec privilége du roi.*

On a vu, en partie, dans l'histoire des règnes de Philippe v et de Fernand vi, quel rôle joua dans les affaires militaires de l'Europe et particulièrement dans les guerres allumées par l'intérêt personnel des princes des maisons d'Autriche et de Bourbon, Charles duc de Parme, puis roi de Naples.

Assis sur le trône par les victoires du duc de Montemar, et reconnu possesseur légitime par le traité de Vienne en 1735, Charles eut avec le pape quelques démêlés sur la juridiction ecclésiastique et les termina en 1738, en recevant du Saint Père l'investiture de ses Etats. Demeuré neutre dans la guerre qui éclata en 1739 entre l'Espagne et l'Angleterre, il ne prit part que comme auxiliaire, en 1742, à celle qui s'était allumée en 1740, pour la succession à l'Empire et dans laquelle don Philippe son frère était entré en Lombardie, pour appuyer les prétentions de Philippe v sur Parme et Milan. Bientôt même menacé dans Naples par une escadre de six vaisseaux anglais, il abandonna Montemar qui l'avait placé sur le trône, fit retirer ses troupes et couvrit la neutralité de ses frontières par une armée de douze mille hommes.

Quelques établissemens et réformes utiles, des traités de paix avec la Porte et les Barbaresques, des traités de commerce avec la France et diverses autres puissances de l'Europe, signalèrent les premières années de cette administration pacifique.

Mais en 1743, chassée de toutes ses conquêtes, l'armée espagnole n'eut d'asile que sur le territoire de Naples, et Charles réduit au choix d'achever de la détruire ou de lui ouvrir ses Etats, joignit ses troupes à celles de son père, arrêta les progrès des Autrichiens et les repoussa jusques dans la Toscane.

Philippe v meurt, et son faible successeur cherchant la paix dès son avénement au trône, laisse ses alliés (les Français et les Napolitains) soutenir presque seuls la guerre en Italie. Après diverses alternatives de bons et de mauvais succès, elle se termine enfin par le traité de 1748, qui, pour prix des sacrifices de la France et de nombreux avantages commerciaux assurés par l'Espagne à l'Angleterre, assure à don Philippe les couronnes ducales de Parme et Plaisance.

En 1747 l'Inquisition presque établie à

Naples, en est chassée par un édit fulminant de Charles. En 1748, il détruit les Francs-Maçons, proscrits par une bulle de Clément XIV, en butte à la fureur du peuple excité par des prêtres.

Lorsqu'en 1754 la France égarée de son système de politique devient l'appui de l'Autriche, son antique ennemie, et s'attire sur les bras Frédéric et l'Angleterre, Charles reste neutre et les faibles secours d'argent qu'il fait passer à son beau-père, Auguste de Saxe, roi de Pologne, ne soutiennent point le trône de ce monarque chassé de ses Etats par le roi de Prusse.

Enfin en 1759, la mort de Fernand VI l'appelle au trône d'Espagne.

Des priviléges, abolis par Philippe V, rendus à la ville de Barcelone; des graces répandues, de nombreuses promotions dans les armées de terre et de mer, signalent le joyeux avénement du nouveau souverain. Mais un Irlandais, Wall; un Italien, Squilace, arrivés à la suite du prince, remplacent les Espagnols dans les postes importans de secrétaire d'Etat et de ministre des finances.

Des soins donnés à la restauration de la marine, des importations considérables de grains de l'étranger pour semer l'Andalousie, Murcie

Murcie et la Castille ruinées par une disette, ne durent pas suffire pour réconcilier la nation avec une administration étrangère, devenue bientôt odieuse par une opération injuste autant qu'impolitique.

Onze années de paix avaient été perdues pour le rétablissement des finances de l'Etat; des dettes nombreuses accumulées depuis Philippe V, n'avaient été ni soldées, ni liquidées; des sommes considérables étaient dues sur-tout aux Français. Sous prétexte d'en régler le payement, Squilace en annulla une grande partie, et cette banqueroute qui frappait principalement sur des étrangers n'excita que de vains murmures.

Le 27 septembre, Charles III perdit son épouse.

Victime cependant d'une trop funeste alliance, la France gémissait sous le poids d'une guerre désastreuse; le cap Breton, le Canada, la Martinique conquises, la marine française anéantie, les sollicitations incessantes du cabinet de Versailles, n'avaient pu ébranler Charles III. Fidèle à son système de neutralité, il ne songea pas à la rendre respectable par des armemens, il négligea de couvrir ses colonies et bientôt l'Angleterre, enorgueillie par ses conquêtes, menaçant les possessions Espagnoles et prétendant disposer arbitrairement de leur commerce, apprit à Charles qu'il fallait combattre ou recevoir la loi.

Le pacte de famille tardivement signé le 11 août 1761, ne fit qu'associer l'Espagne et Naples au sort contraire qui précipitait la branche aînée des Bourbons dans un honteux abaissement.

En conservant la neutralité avec l'Allemagne, Charles III déclara la guerre à l'Angleterre et bientôt après, en juin 1762, au Portugal, auxiliaire obligé de la Grande-Bretagne, qui déja prenait une attitude hostile.

Les opérations de ce côté furent conduites avec peu d'activité; Miranda et quelques portions de pays furent occupées d'abord par les Espagnols, et s'étant soulevées après s'être soumises à leurs armes, furent traitées avec sévérité.

Des chaleurs excessives condamnèrent l'une et l'autre armée à l'inaction, et tout se réduisait à quelques escarmouches dans lesquelles l'avantage restait aux Espagnols.

Dix mille Allemands, envoyés par Georges III, sous le commandement du comte de Lippa Buklemburg et du prince de Muklenburg Strelitz, amenèrent enfin des actions plus décisives.

L'armée espagnole sous les ordres du marquis de Sarria, pourvue des vivres dont elle avait long-temps manqué, soutint le choc, et malgré les dispositions savantes des ennemis, mit en déroute à Villaflor un détachement de cinq mille hommes, prit Moncorvo et enfin Almeyda, place importante qui lui ouvrait l'entrée de tout le Portugal.

Mais tandis que les armes espagnoles se soutenaient en Europe avec quelque éclat, des pertes bien plus considérables sappaient leur puissance maritime.

Maîtres de la mer avant la déclaration de guerre, les Anglais avaient porté leurs voiles triomphantes sur divers points des colonies espagnoles; la clef des Indes occidentales, la Havane, après vingt-neuf jours de siége, avait été emportée le 15 août, par l'amiral Pocock; d'immenses trésors, neuf vaisseaux de soixante-quatorze, et trois frégates tombés au pouvoir du vainqueur, ajoutaient à l'importance de cette brillante conquête.

Peu de mois après on apprit également la perte de la riche Manille, du fort de Cavite, de toutes les Philippines et d'un galion d'Acapulco, chargé de trois millions de piastres.

Les propres côtes d'Espagne étaient menacées; la noblesse espagnole, dans cette crise alarmante, fit au roi des offres brillantes et patriotiques : élan généreux mais inutile! Choiseul venait d'acheter la paix, signée le 3 novembre 1763. Paix honteuse par laquelle le Canada et le cap Breton demeurèrent aux Anglais qui, à la démolition du port de Dunkerque, par eux exigée, ajoutèrent la condition d'y entretenir à perpétuité un commissaire pour en surveiller les travaux.

Des conditions plus favorables furent stipulées en faveur de l'Espagne; Bedfort rendit toutes les conquêtes faites sur elle, moyennant la cession des Florides; et, victime encore de cette convention, la France en indemnisa Charles III par la cession de la Louisiane.

Peu de temps avant, l'Autriche, la Russie, la Saxe et la Prusse avaient fait leur paix. Frédéric, un moment près de sa ruine, et poursuivi jusques dans le cœur de ses Etats, avait détaché le nouveau czar, Pierre III, de l'alliance de l'Autriche; les Russes, maîtres d'une partie du Brandebourg, étaient devenus ses auxiliaires, et les trois puissances prépondérantes s'arrangèrent en sacrifiant le faible roi de Pologne, Auguste de

Saxe, qui vint mourir de chagrin dans ses États héréditaires réduits à un squelette.

Une bulle de Clément XIII publiée en Espagne sans le concours de l'autorité royale, occasionna, en 1764, quelque mésintelligence entre la cour de Rome et Charles III qui défendit toutes publications ecclésiastiques qui n'auraient pas été soumises à son conseil.

Dans la même année Charles maria sa fille, Dona Marie Louise, avec l'archiduc Léopold, lui cédant en faveur de ce mariage tous ses droits à la succession de Médicis. Le 18 août suivant, la mort de François Ier appelant au trône impérial Joseph II, déja roi des Romains, l'archiduc Léopold entra en possession du beau duché de Toscane.

Dans la même année encore le prince des Asturies, aujourd'hui Charles IV, épousa Dona Maria Theresa, seconde fille de son oncle le duc de Parme, qui mourut d'une chute de cheval en reconduisant sa fille à son départ pour l'Espagne.

En 1765, la tranquillité de Charles III fut troublée par divers soulèvemens; sa présence, la douceur, la prudence et la fermeté du comte d'Aranda appelé à la présidence du conseil de Castille, appaisèrent ces désordres.

Le 11 juillet 1766, la reine-mère, Isabelle Farnèze, veuve de Philippe V, mourut dans la retraite où l'avaient retenue des fils, moins dociles à ses conseils que le roi son époux. Cette princesse, d'un caractère ardent et ferme, née avec des talens, avait dans ses vastes desseins menacé l'Europe d'un grand embrasement. Portée au trône par la princesse des Ursins et par les intrigues de l'abbé Alberoni, depuis cardinal et principal ministre, elle avait, en entrant dans le royaume, chassé la favorite qui l'avait fait reine et dès le premier jour gouverné son époux.

L'année suivante n'offre d'événement remarquable que l'expulsion des jésuites, accusés, mais non convaincus, d'avoir nommé un roi au Paraguay, sous le nom de Nicolas Ier. D'Aranda chargé de cette opération, les fit tous enlever en une nuit, sans bruit et sans désordre, et conduire en Italie où le roi pourvoit à leur subsistance.

Clément XIII consentit avec peine à les recevoir dans ses Etats. Bientôt après le duc de Parme ayant voulu assujettir les bulles romaines à la sanction de son conseil, le Saint Père crut pouvoir garder moins de ménagemens avec ce souverain, et foudroya son édit par la bulle *in coenâ*

Domini; mais les cours d'Espagne, de France, de Naples, de Portugal, Venise et la Lombardie, proscrivirent la bulle à leur tour et appuyant leurs édits par des troupes, enlevèrent au pape, Avignon, le Comtat, Bénévent et Pancorvo.

Ganganelli, Clément XIV, succédant dans ces entrefaites à Clément XIII, appaisa ce différent en supprimant les jésuites : en Espagne la création d'un tribunal de Rote composé d'Espagnols agréés par le roi pour assister le légat, termina la querelle des publications ecclésiastiques.

Par suite de la politique de la branche de Bourbon régnante en Espagne, politique, on ne sait pourquoi, secondée par le cabinet de Versailles, Charles travailla à resserrer les liens de l'amitié avec la maison d'Autriche, par le mariage de Fernand IV, roi de Naples, avec l'archiduchesse Marie-Thérèse, et de Fernand 1er, duc de Parme, avec l'archiduchesse Amélie. Ce dernier et impolitique mariage conserva à la maison d'Autriche le duché de Modène, dont on avait proposé l'héritière pour Fernand de Parme.

La Corse achetée et conquise par la France, une guerre animée entre la Russie et la Porte au sujet de la Pologne, n'avaient pas troublé le repos du reste de l'Europe :

si Charles vit comme elle avec indifférence cette grande querelle terminée par la triple alliance et le partage de la Pologne, du moins sut il profiter de cette paix pour fonder divers établissemens utiles tels que la société des Amis-du-Pays, académie occupée de l'économie rurale, de l'architecture et de la population ; tels encore que la fondation d'une colonie intérieure dans la Sierra Léona où huit mille cultivateurs, importés de l'Allemagne, vinrent donner à l'Espagne l'exemple d'une agriculture soignée. Il introduisit parmi les troupes la tactique prussienne, et s'occupa sérieusement de restaurer la marine. Moins d'éloges sont dus à l'opération d'une refonte des anciennes monnaies que l'on voulut présenter au peuple comme un bénéfice, quoiqu'elle ne fut point exécutée sur les principes libéraux que dicte la saine politique.

Les Anglais s'étant emparés, comme d'une échelle pour attaquer l'Amérique, des îles Falkland où Malouines, les gouverneurs espagnols les en chassèrent par voie de fait; la guerre allait éclater, mais la faiblesse du cabinet de Versailles qui se déclara hors d'état de la soutenir, força

Charles III à plier et à désavouer le gouverneur du Pérou.

Avec plus d'énergie, mais avec aussi peu de succès, Charles arma contre les Barbaresques : excités, à ce que l'on crut par les Anglais afin de détourner l'attention de Charles de l'insurrection des Etats-Unis, les Mayorquins assiégèrent Mélille et le Pignon de Velez et en furent repoussés après quatre mois de siége. Le roi pour en tirer vengeance, résolut de tenter contre Alger l'entreprise manquée par Charles-Quint en 1542, et par Philippe III en 1604. L'expédition fut malheureuse; outre sa force naturelle, Alger reçut des secours de l'Angleterre, de la Hollande et même de Marseille; la flotte, au nombre de quatre cents voiles dont huit vaisseaux de ligne, huit frégates, vingt-quatre chebecks et quelques bombardes, mit à la voile le 28 juin; battue par les vents contraires elle ne parut que le 4 juillet devant Alger où la joignirent quelques navires auxiliaires, Toscans, Maltais et Napolitains. La division éclata entre les généraux, don Pédro Cartijon, commandant de la flotte et O'Relly Irlandais, commandant l'armée de terre. Sous ces funestes auspices le débarquement s'effectua le 8 juillet; bientôt repoussés, les Espagnols prirent la fuite en désordre et se jettèrent dans leurs vaisseaux, laissant derrière eux trois mille morts et blessés. Ainsi qu'il est d'usage après de tels succès, on parla quelque temps, au retour de la flotte, d'une seconde expédition, mais tout se réduisit à une forte croisière pour tenir en bride les corsaires barbaresques.

1775 et 1776 n'offrent de remarquable que le projet du canal de Murcie et l'entrée au ministère de Florida Blanca, par la retraite du Génois Grimaldy.

L'insurrection des États-Unis continuait; ils avaient proclamé leur indépendance, leur pavillon et même leurs corsaires étaient admis dans les ports espagnols; l'Angleterre craignant que Charles III ne prît dans cette affaire une part plus active, fomenta les troubles qui avaient éclaté entre l'Espagne et le Portugal, au sujet de la colonie du Saint-Sacrement de Rio de la Plata, et se flatta d'en imposer, en menaçant de secourir le Portugal conformément à ses traités. Charles n'en envoya pas moins, sous les ordres de Tilly et de Céballos, des forces considérables qui reprirent le Saint-Sacrement et l'île de Sainte-Catherine, entrepôt du commerce des Anglais avec le Paraguai.

La guerre allait éclater lorsque la mort de Joseph 1er, roi de Portugal, suivie de la disgrace du marquis de Pombal son principal ministre, fit changer de face à la politique de cette puissance. Don Pèdre, frère de Joseph 1er, marié avec sa nièce l'infante Marie-Françoise, héritière de Portugal, n'eut que le titre d'associé au trône de sa femme, première reine en titre de ce royaume, jusques-là gouverné saliquement.

La reine-mère, sœur de Charles III, vint à Madrid, et le 1er octobre 1778 fut signé un traité d'amitié et de commerce dans lequel l'Espagne obtint des cessions assez importantes; l'armée de Rio de la Plata fut en conséquence rappelée.

Des ordres furent, à la même époque, donnés pour la rédaction d'un nouveau code civil.

Cependant, dès le commencement de l'année, la guerre avait été déclarée entre l'Angleterre et la France devenue l'alliée des Etats-Unis; l'Allemagne s'était embrasée pour la succession de Bavière. Un traité de partage entre l'électeur Palatin, héritier naturel de l'empereur, qui y avait des prétentions, souleva le vieux Frédéric qui, pour empêcher cette augmentation du pouvoir de l'Autriche, se fit implorer par le duc de Deux Ponts, héritier du Palatin, et marcha avec cent mille hommes soutenus par vingt mille Saxons.

Le maréchal de Laudon séparant les deux armées de Prusse, sut les réduire à l'inaction et la Saxe courait des dangers ; la Russie, alliée de la Prusse, la France obligée par ses traités à secourir l'Autriche, s'entremirent comme médiatrices, et la paix fut enfin signée à Teschen le 15 mai 1779.

Jusqu'à cet arrangement, malgré les nombreuses plaintes des Espagnols contre les Anglais qui ne cessaient d'exercer des déprédations sur leur commerce, malgré le pacte de famille, malgré les instances du cabinet de Versailles, les sollicitations d'Aranda son ambassadeur à Paris, Charles instruit que l'argent manquait à la France, et ne voulant pas s'associer une seconde fois à ses revers, refusa de prendre part à la guerre. Celle d'Allemagne appaisée, las enfin du rôle de médiateur rejetté, il se déclara le 16 juin 1779.

Les opérations furent mal commencées. Don Antonio de Arce, qui avait à la Corogne huit vaisseaux de ligne et quatre frégates, refusa de se joindre au comte d'Orvilliers, commandant de la flotte française, sous prétexte de vents contraires, mais en effet pour une dispute de rang qui ne s'arrangea que le 20 juillet.

Cordova moins difficile, partit de Cadix avec trente-deux vaisseaux, deux frégates, deux brûlots et deux urcas pour joindre d'Orvilliers ; leurs forces combinées au nombre de cinquante-deux vaisseaux de ligne quittèrent ensemble les côtes de France où l'on faisait des préparatifs pour une descente, et se séparèrent dans la Manche en trois divisions.

Maltraitées par les vents, elles battirent inutilement la mer et manquèrent l'amiral Hardy qui eut l'adresse ou le bonheur de les tromper et de leur échapper ; fatiguées et s'affaiblissant tous les jours, elles rentrèrent enfin à Brest ramenant, pour toute capture, un seul vaisseau, laissant la Manche au pouvoir de quelques vaisseaux Anglais qui, derrière elles, s'emparèrent d'un navire espagnol chargé de deux millions de piastres. D'Orvilliers fut destitué.

Dans l'Amérique septentrionale les Etats-Unis se soutenaient ; Galvès, gouverneur de la Louisiane, à la tête de deux mille hommes, attaqua les Anglais sur le Mississipi et s'empara de quatre cent trente lieues de pays dans les derrières de la Géorgie et dans la Floride occidentale : soutenu ensuite par le chef d'escadre Solano, il acheva la conquête de cette province par la prise de Pensacola.

Une autre expédition dans le Golfe fut moins heureuse. Don Roberto Ribas, gouverneur de Yucatan, entreprit de ruiner les établissemens anglais de la baie de Honduras ; pendant qu'il y marchait, les Anglais partirent de la Jamaïque et s'emparèrent de San-Fernando de Omoa, clef de la baie de Honduras et échelle des vaisseaux de registre. Ils y trouvèrent peu d'argent dans les coffres, mais, dans les vaisseaux, trois millions de piastres, des denrées coloniales et deux cent cinquante quintaux d'argent travaillé venant d'Europe.

Ribas, à cette nouvelle, revient à la hâte mais trop tard, sur ses pas et reprend San-Fernando : il ne peut empêcher les Anglais, en l'évacuant, de charger leur butin sur un vaisseau qu'ils emmènent, mais que la tempête fait périr quelques jours après.

Le San-Carlos, de cinquante, chargé d'artillerie et de munitions, tombe aussi au pouvoir des Anglais qui s'emparèrent également du fort Saint-Juan, clef de la Nouvelle-Grenade.

Des revers plus sensibles nous frappent en Europe. Le brave Elliot défendait Gibraltar assiégé par don Martin Alvarez, à la tête de vingt-six bataillons d'infanterie et de douze escadrons. Vingt vaisseaux espagnols, forcés de rentrer, étaient à Brest sous les ordres de Miguel Gaston; don Antoine Barclo et don Juan de Langara, croisaient, l'un à l'entrée occidentale, l'autre à l'entrée orientale du détroit; enfin don Juan de Cordova tenait la rade de Cadix avec dix vaisseaux assez mal équipés. A la fin de décembre l'amiral anglais met à la voile pour traverser toutes ces forces; le 8 janvier il tombe sur un convoi espagnol de vingt-deux voiles, chargé de munitions, etc. pour l'escadre de Cadix; il s'en empare. Le 16 il rencontre Langara jetté dans l'Océan et ne sachant où le gros temps l'a conduit. Avec ses vingt vaisseaux, Rodney attaque les treize de Langara; *le Santo-Domingo*, démâté du grand mât saute en l'air; *le Phénix*, vaisseau amiral, est pris au bout de huit heures. Quatre vaisseaux seuls échappent, dont deux, après avoir été pris, rentrent avec leurs capteurs qui, se voyant prêts à périr sur la côte, se livrent à leurs prisonniers et sont sauvés par eux. Enfin Rodney entre triomphant à Gibraltar avec un convoi de cent huit transports et des munitions de toute espèce.

Occupé à réparer ces pertes, le roi fut encore obligé de diviser ses forces et d'envoyer au Pérou, sous les ordres de Solano, douze vaisseaux de ligne, huit frégates et quarante-deux transports, pour contenir cette colonie où l'exemple des Etats-Unis avait excité quelques soulèvemens.

En 1779, les excès commis contre les neutres, particulièrement par les Anglais, déterminèrent une neutralité armée de la part de la Russie, du Danemarck, de la Suède et de la Hollande à laquelle accédèrent la France, l'Espagne, l'Empire, la Prusse et les Deux-Siciles.

L'année 1780 n'offrit aucun succès maritime, à l'exception de la capture par Cordova, d'un convoi anglais de soixante-quatre navires, estimé trente-six millions, portant deux mille cinq cents matelots, quatre compagnies d'infanterie pour Bombay, seize cents hommes pour les Antilles et quatre-vingt mille fusils.

Avant le printemps la Hollande se déclara. Sûre du stathouder et de la mollesse avec laquelle il pousserait la guerre, l'Angleterre préféra cette levée de boucliers à la neutralité des Provinces-Unies. En effet, bientôt Saint-Eustache, Essequibo, Demerari, Trinquemale et Negapatan, tombèrent au pouvoir des Anglais; le cap de Bonne-Espérance même était perdu sans le bailli de Suffren qui, après une bataille sanglante dans la baie de Saint-Yago, mit à couvert cette importante colonie.

Les flottes anglaise et française combattirent plusieurs fois en Amérique avec acharnement, mais sans succès décisif; enfin le 15 octobre de l'an 1781, Cornwallis bloqué par la flotte du comte de Grasse et enveloppé en Virginie par les armées américaine et française, fut fait prisonnier avec toute son armée, ainsi que Burgoyne l'avait été quatre ans auparavant.

En février 1782, une armée espagnole et française, sous les ordres du duc de Crillon, protégée par une escadre de don Bentura Moreno, s'empara de Minorque après huit mois de siége : Murray, qui défendait l'île avec quatre mille hommes, ne mit bas les armes qu'après une vigoureuse résistance, et ne rendit le fort Philippe qu'abîmé par l'artillerie.

Le comte de Grasse après avoir conduit au Cap-Français un convoi considérable, se trouvait à la Martinique avec quarante-huit vaisseaux et treize frégates, pour y ttendre Solano. Les flottes combinées, au nombre de soixante vaisseaux, devaient tomber sur la Jamaïque.

Solano n'arrivant point, les officiers français impatiens et peu soumis, murmurèrent de leur inaction, et de Grasse, par point d'honneur, mit à la voile pour Saint-Domingue. Surpris par la flotte de Rodney dans une situation désavantageuse et sous le vent, il fut complettement vaincu, et pris lui-même sur le vaisseau amiral *la Ville de Paris*: dix-neuf vaisseaux échappèrent seuls à Rodney. Devenues inutiles pour le siége de la Jamaïque, les troupes espagnoles se rabattirent sur la petite île de la Providence et s'en emparèrent; mais après cette conquête, le convoi qui portait les prisonniers retomba dans la main des Anglais.

Cependant Elliot, dans Gibraltar, continuait par son intrépidité et ses talens à rendre inutiles les efforts des assiégeans; l'escadre légère, chargée du blocus, n'avait pu parvenir à le former exactement; quelques maisons étaient détruites par l'artillerie, mais elle ne pouvait rien contre les fortifications, ouvrage de la nature. Le vainqueur de Minorque, Crillon, vint commander le siége, et son feu redoublé ne fit pas plus d'effet. D'Arçon, ingénieur français, imagina les batteries flottantes pour attaquer en face le nouveau môle. Six mois d'énormes travaux furent employés à leur construction et l'épreuve faite sur l'une réussit. Aussitôt, quoiqu'il leur manquât un calfatage destiné à recevoir et retenir les eaux qui devaient les rendre incombustibles, on fit partir ces batteries; trois d'entr'elles s'avancèrent à trois cents toises du môle, et par un feu terrible ouvrirent une large brèche; mais en cinq quarts-d'heure la place vomit sur elles plus de quatre mille boulets rouges, et toutes furent brûlées, même celles qui étaient restées en arrière. *Le 13 septem.*

Quinze cents hommes y périrent, et avec eux le bois, l'artillerie, etc. nécessaires pour la construction et l'armement de quatorze vaisseaux de ligne. On prétendit que le vent avait empêché la coopération de l'escadre.

Depuis ce jour, en effet, il y eut de telles bourasques qu'un coup de vent enleva les tentes du camp, et culbutant l'escadre, jetta *le Saint-Michel*, de soixante-dix, sous le feu de Gibraltar où il se rendit. Presque en même temps parut, avec trente-quatre vaisseaux, l'amiral Howe, qui secourut la place et franchit le détroit. Cordova et Guichen le suivirent avec trente-deux, et lui livrèrent bataille; la perte fut à peu près égale de part et d'autre, mais Howe, tout en combattant, effectua sa retraite après avoir atteint son but; le 31 on leva le siége.

Malgré ces triomphes et l'inactivité de la Hollande, l'Angleterre désespérant de réduire ses sujets révoltés, et déja songeant à reconquérir par des avantages commerciaux ce qu'elle perdait de puissance coloniale, reconnut l'indépendance des Etats-Unis le 5 novembre 1782. Le 20 janvier suivant, furent signés à Paris les préliminaires des trois puissances.

La France ne recueillit d'autre fruit de cette guerre que l'indépendance des Etats-Unis; mais l'Espagne recouvrant toutes ses pertes y gagna Minorque et les Florides. La coupe du bois de campêche fut rendue à l'Angleterre. L'empereur et la Russie figurèrent dans le traité comme médiateurs assez inutiles.

La paix faite, le convoi de la Vera-Cruz arriva en Europe avec 32 millions 700,000 piastres, et fut bientôt suivi des riches vaisseaux de registre.

Abandonnée par la France, toute autrichienne, la Porte se vit enlever la Crimée et fut obligée d'acheter la paix par sa cession à la Russie; Charles sut profiter de ces circonstances pour conclure, avec le grand-seigneur, un traité de commerce depuis long-temps desiré et très-désavantageux au commerce de Marseille.

Le 1ᵉʳ août 1783, n'ayant pu traiter avec la régence, même avec l'intervention de la Porte, le roi fit bombarder Alger ; cette opération ayant eu peu d'effet, on recommença en 1784 sans plus de succès. On prétendit que des provençaux déguisés avaient défendu la place ; il est plus avéré que les Anglais et les Hollandais avaient fait passer aux Algériens beaucoup d'armes et de munitions ; tandis qu'au contraire l'intervention de la France amena la conclusion d'un traité de paix qui fut signé le 14 juin 1786.

En 1788, l'Angleterre, mécontente d'un traité de commerce conclu par la Russie avec la France, fit prendre de nouveau les armes au grand-seigneur. L'empereur prit parti dans cette guerre, et la Porte-Ottomane, abandonnée encore à ses seules forces, de nouveau fut vaincue.

Charles demeura spectateur de ces événemens, et s'occupa des arts, du commerce, de l'agriculture.

Dès 1777, le cabinet Espagnol, dirigé par Florida Blanca, avait séparé sa politique de celle de la France; la Prusse avait envoyé un ministre à Madrid; en 1786 il s'ensuivit un traité de commerce entre les deux puissances. L'année précédente une convention relative aux colonies espagnoles, avait été signée avec l'Angleterre; Charles lui cédait l'île de Jersays et plus de territoire sur la côte d'Yucatan, moyennant l'évacuation d'une partie de la côte des Mosquitos.

Dès 1782, pendant la guerre, le roi avait fondé la banque de Saint-Charles de cent cinquante mille actions, formant un fonds de trois cent millions de réaux.

En 1785, il établit la compagnie des Philippines, et augmenta le cabinet d'histoire naturelle. En 1787, il fit ouvrir le canal d'Arragon.

Au milieu de ces travaux pacifiques, Charles, malgré sa vigueur, due à l'exercice continuel de la chasse, fut attaqué, dès les premiers jours de décembre 1788, d'une fièvre inflammatoire qui tourna en pulmonie, et mourut le 17, âgé de soixante-treize ans.

Ce prince fut fidèle à sa parole et favorisa les arts; il eut des vertus domestiques qu'avec l'amour des peuples il a léguées à son successeur.

DESCRIPTION GÉOGRAPHIQUE

DE L'ESPAGNE ET DU PORTUGAL.

CHAPITRE PREMIER.

Description de l'Espagne et sa division.

L'Espagne est bornée à l'est par la mer méditerranée, au sud par la même mer et par le détroit de Gibraltar, à l'ouest par le Portugal et par l'océan Atlantique, enfin, au nord par la mer Cantabrique, ou golfe de Biscaye, et par la France.

On estime que le circuit de l'Espagne est de cinq cent quatre-vingt-une lieues, et sa plus grande largeur d'environ deux cents; quoique sur l'une et sur l'autre mesure il y ait une grande variété d'opinions.

Ses rivières les plus renommées sont au

nombre de six : le Tage (1), qui prend sa source à la frontière d'Arragon, traverse la Nouvelle-Castille et l'Estramadure, entre en Portugal et se jette dans l'Océan, en passant par Lisbonne ; le Duero dont la source est près de Soria, et qui traversant la Vieille-Castille et le Portugal, décharge également ses eaux dans l'Océan, près d'Oporto ; l'Ebre, qui prend sa source près des Asturies, passe par la partie de la Vieille-Castille, appelée *la Rioja*, par la Navarre, l'Arragon, la Catalogne, et tombe dans la Méditerranée, à peu de distance de Tortose; le Guadalquivir, qui part du royaume de Baen, arrose ceux de Cordoue et de Séville, et entre dans l'Océan par San-Lucar ; le Guadiana, qui sort de la province

---

(1) J'ai cru devoir ne pas suivre l'usage adopté généralement, et ce me semble très-mal à propos, de franciser les noms de rivières, provinces et villes étrangères; néanmoins je m'y suis soumis pour les noms généralement connus en France, auxquels on y a fait subir cette espèce de travestissement ; souvent il est très-ridicule, je n'en veux pour exemple que London, que nous appelons Londres, Lisboa, que nous nommons Lisbonne.

de la Mancha, la baigne ainsi que l'Estremadure, et tombe aussi dans l'Océan près d'Ayamonte sur la frontière de Portugal ; enfin le Migno, qui se forme en Galice et suivant son cours le long de ce royaume, le sépare du Portugal, et arrive à l'Océan près de Tui. Outre ces rivières, il y en a d'autres en Espagne, assez considérables : telles sont le Segré, le Ter et le Fluvia, en Catalogne, le Xucar et le Guadalaviar, dans le royaume de Valence, le Ségura dans celui de Murcie, le Genil dans celui de Grenade ; le Xarama et l'Henarès dans la Nouvelle-Castille ; le Pisuerga et le Tormes dans la vieille ; le Sil en Galice ; et autres d'égale ou de moindre force.

Les principales montagnes d'Espagne, sont les Pyrénées qui la séparent de la France ; les rameaux de cette longue Cordilière s'étendent sous différens noms dans la Navarre, l'Arragon, la Catalogne et d'autres provinces. En Castille vieille, on remarque les monts d'Oca ; entre celle-ci et la nouvelle, ceux de Guadarrama ; en Arragon, le Moncayo ; en Andalousie, la Sierra-Morena ; en Galice, le Cebrero ; en Grenade, la Sierra-Nevada, et la Sierra-Bermeja ; et dans les autres provinces d'Espagne une foule d'autres qu'il seroit trop long de rapporter.

La division la plus courte et la plus claire qu'on puisse faire de l'Espagne, est en seize provinces, dont neuf maritimes, et les sept autres de l'intérieur. Les maritimes sont, la Catalogne, Valence, Murcie et Grenade sur la Méditerranée ; Séville, Galice, Asturies, Castille vieille et Biscaye sur l'Océan. Nous mettons la Castille vieille au nombre des provinces maritimes, parce que nous considérons comme en faisant partie, le pays appelé la *Montagne*. Les provinces non maritimes ou de l'intérieur, sont : vers le nord, l'Arragon, la Navarre et Léon ; au Sud, la Castille nouvelle, l'Estremadure, Cordoue et Jaen. Presque toutes ces provinces ont le titre de royaumes ; la Catalogne et les Asturies celui de principauté, et la Biscaye celui de seigneurie.

CHAPITRE II.

Quatre provinces maritimes d'Espagne sur la méditerranée qui sont : la Catalogne, Valence, Murcie et Grenade.

La principauté de Catalogne confine au nord avec les Pyrénées, à l'orient et au midi avec la mer Méditerranée, et à l'occident avec l'Arragon et une partie du royaume de Valence : Barcelone, capitale de cette principauté, est, par sa beauté, sa population et sa richesse, une des principales villes d'Espagne. Elle est en outre chef-lieu d'un évêché, résidence d'un capitaine général et d'une audience royale, port de mer et place forte. On y trouve divers hôpitaux, un hospice général, quatre académies, un collége de chirurgie et des archives qui sont celles générales du royaume d'Arragon. Ses habitans, comme ceux de toute la Catalogne, sont industrieux et appliqués aux manufactures et au commerce.

Les autres villes (1) principales de cette

_____

(1) On distingue en Espagne, parmi les villes, celles qui ont le droit de cité (*ciudad*), de celles

belle province, sont : Tarragonne, cité, siége archiépiscopal métropolitain de toute la Catalogne, Tortose, Lérida, Gerona, Vique, Urgel et Solsona, cités épiscopales et, sans évêchés, Manresa, Balaguer et Cervera, célèbre par son université : villes considérables, Reus, Olot, Valis, Puicerda, Igualada, Ripoll et autres : bons Ports, Roses, Palamos, et la cité de Mataro; places fortes, Tarragonne, Gerona, Tortose, Lérida, Hostalrich, Figuères et Roses.

Le fertile royaume de Valence est borné à l'est par la Méditerranée, au sud par le royaume de Murcie, à l'ouest par la Nouvelle-Castille, et au nord par l'Arragon et partie de la Catalogne. Valence, capitale de tout le royaume, est une grande cité, proche de la mer, résidence d'un archevêque métropolitain, et d'un capitaine général qui l'est également du royaume de

---

ordinaires appelées *villes*. Cette différence répond à peu près à notre ancienne distinction de villes et de bourgs; elle est fondée sur la constitution municipale du lieu et non sur sa population. J'ai cru devoir conserver, dans ma traduction, les termes propres de cité et de ville,

Murcie. Elle a audience royale, université, divers hôpitaux, une académie de peinture, sculpture et architecture, des fabriques d'étoffes de soie et plusieurs promenades délicieuses. Il y a dans le royaume de Valence deux cités épiscopales, Segorbe et Orihuela; (cette dernière avec université) six autres cités, savoir: Gandia, Saint-Philippe, autrefois Xativa, Alicante, Denia, Xijona et Pegniscola. En villes peuplées, Elche, Castellon de la Plana, Aleira, Onteniente, Alcoi, connue par ses fabriques de draps, Liria, Villareal et Murviedro, célèbre dans l'histoire en ce qu'il est fondé sur le terrein de l'ancienne Sagonte. Les meilleurs ports et places fortes de Valence sont: Alicante, Denia et Pegniscola.

Les confins du royaume de Murcie, non moins fertiles que celui de Valence, sont: au levant, ce dernier royaume; au midi, la Méditerranée; au couchant, le royaume de Grenade et la nouvelle Castille, et au nord la même Castille et une partie de Valence. Sa capitale est la cité épiscopale de Murcie où l'on a récemment établi des machines très-utiles pour les soieries. Les spacieux dehors de cette cité, appelés *le Jardin de Murcie*, sont cultivés avec beaucoup de soin, arrosés par des rigoles disposées avec beaucoup d'intelligence, par le moyen de machines aussi solides qu'ingénieuses. Les autres cités du royaume de Murcie, sont : Carthagène, Lorca, Villena et Chinchilla. L'evêque de Carthagène l'est aussi de Murcie, et a dans l'une et l'autre une cathédrale. Carthagène, le meilleur port de toute la Méditerranée, avec un bon arsenal et des fortifications, est un des trois départemens de la marine d'Espagne ; il a une école de nautique. Il y a en Murcie un autre port, Las Aguilas, assez sûr et commode, quoique peu peuplé. Les villes principales de ce royaume sont : Caudete, Totana, Moratalla, Albaute, Yecla, Mula, Hellin, Zchegin, Tumilla, Mazarron, Cieza et Almanza, fameuse par la bataille mémorable gagnée dans ses environs par Philippe v.

Les limites du royaume de Grenade sont : à l'est, le royaume de Murcie ; au sud, la Méditerranée ; à l'occident, le royaume de Séville ; et au nord, celui de Jaen. Grenade, capitale du royaume, est située dans une plaine délicieuse et abondante en toutes sortes de fruits. Elle est siége archiépiscopal et métropolitain ; elle a une chancellerie et une université. Guadix et Almeria sont des cités épiscopales suffragantes de l'archevêché de Grenade, Malaga l'est de celui de Séville. Le royaume de Grenade renferme en outre les cités de Ronda, Antequera, Loxa, Alhama, Santa-Fé, Baza, Purchena, Huescar et Vera; sur la côte ou dans le voisinage, Marbella, Vélez-Malaga, Almugnecar, Motril et Muxacar. Archidona, Marchena, Estepona, Adra et Coin, sont des villes considérables. Le principal port de la côte et l'un des meilleurs de la Méditerranée est Malaga, résidence du capitaine général de la côte de Grenade.

CHAPITRE III.

Cinq provinces maritimes d'Espagne sur l'Océan, qui sont: Séville, la Galice, les Asturies, la vieille Castille et la Biscaye.

Le royaume de Séville touche: au levant, ceux de Grenade et de Cordoue; au nord, ce dernier royaume et la province d'Estremadure; à l'ouest, le royaume d'Algarve en Portugal; et au midi, l'océan et une partie de la Méditerranée qui se communiquent par le détroit de Gibraltar. Ce royaume, ceux de Grenade, de Cordoue et de Jaen, s'appellent communément *les quatre royaumes d'Andalousie*, province des plus fertiles et des plus fameuses d'Espagne, et qui pourrait être la première en richesse, si l'industrie y répondait à la fécondité du sol. L'Andalousie se divise ordinairement en haute et basse.

Séville, capitale du royaume de ce nom, située sur les bords du Guadalquivir, est une des premières villes de la péninsule. C'est un riche archevêché, elle a une audience royale, une université, une académie des belles-lettres et des beaux-arts, de grands hôpitaux, des palais et de beaux temples ornés d'excellentes peintures. De ce royaume font partie, la cité épiscopale de Cadix, celle du port de Sainte-Marie, résidence du commandant général de l'Andalousie, celles de Puerto-Réal, San-Lucar de Barrameda, San-Lucar-la-Mayor, Xerès de la Frontera, Arcos de la Frontera, Ecija, Medina Sidonia, Carmona, Utrera, Osuna, (avec université) Ayamonte et Tarifa (places fortes) Moguer, Saint-Roch, Algeciras et Gibraltar, aujourd'hui possédé par les Anglais. De tous les ports de la côte de Séville, aucun n'est comparable à celui de Cadix, pour l'étendue de sa baie, ses fortifications, et son commerce, le plus grand qu'il y ait en Espagne. C'est un des trois départemens de marine, il y a une école de nautique, une bourse, un collége de chirurgie et d'autres établissemens avantageux.

Les principales villes du royaume de Séville sont : Rota, Chiclana, Lebrixa, Estepa, Moron, Marchena et Niebla; mais il y en a diverses autres qui ne le cèdent point à celles-là en population.

Le royaume de Galice est borné au levant par les Asturies, Léon et la Vieille-Castille; au midi par le Portugal; au couchant et au nord par l'Océan. Sa capitale est Saint-Jacques ou Compostelle, siége archiépiscopal et métropolitain avec université : mais le capitaine général et l'audience royale résident dans la cité de la Corogne. Tui, Orense, Mondognedo et Lugo, sont des cités épiscopales; et le Ferrol, Betanzos, Pontevedra, Vigo et Monforte de Lemus, des villes principales. La Galice abonde en bons ports; les principaux sont : la Corogne et le Ferrol. Dans ce dernier il y a un arsenal et un département de marine; c'est de là que partent les paquebots courriers pour les Indes et les îles Canaries.

La principauté des Asturies fait, à la rigueur, partie du royaume de Léon; mais nous la considérons comme indépendante, parce qu'elle a une audience royale séparée et un évêque indépendant. Ses frontières sont, à l'orient, les montagnes de Santander; au midi, Léon et la Vieille-Castille; à l'ouest la Galice; et au nord, la partie de l'océan appelée *mer Cantabrique*. Oviedo, cité épiscopale et capitale de la principauté, est le séjour de l'audience; elle a une université, un hospice et trois hôpitaux. Le port de Gijon et la ville d'Aviles sont les principaux endroits des Asturies.

La vieille Castille se compose de cinq provinces ou territoires, qui sont : Burgos, Soria, Avila, Ségovie et une partie de Valladolid. Suivant cette démarcation, et en comprenant dans la juridiction de Burgos le pays appelé *la Montagne*, elle a pour bornes à l'orient la Biscaye, la Navarre et l'Arragon; au midi, la nouvelle Castille; à l'ouest, l'Estremadure et Léon, et au nord, la mer Cantabrique et une partie de la Biscaye et de la Navarre. La capitale de toute la Vieille-Castille est l'antique cité de Burgos, autrefois séjour des rois, où réside l'archevêque métropolitain. Santander, cité épiscopale et la principale de la montagne, est un bon port de mer avec un chantier de construction. Soria, Calahorra, Logrogno, Alfaro, Arnedo, Naxera, Santo Domingo de la Calzada, Valladolid, Segovia, Osma et Avila sont des cités dépendantes de la Vieille-Castille; et dans ce nombre, Segovia, Osma, Calahorra, Avila et Valladolid sont épiscopales. Dans cette dernière il y a chancellerie royale et université; à Ségovie est un ancien château qui sert aujourd'hui au collége militaire de l'artillerie, et un aqueduc romain, ouvrage d'une solidité et d'une magnificence égales(1); Avila et Osma ont aussi des universités. D'une partie de la province de Burgos et d'une autre de celle de Soria, se compose le pays vulgairement appelé *la Rioja*, qui ne forme point une province séparée et comprend les six cités de Logrogno, Calahorra, Arnedo, Alfaro, Naxera et Santo-Domingo. Entre les principales villes de la Vieille-Castille,

---

(1) Le peuple de Ségovie fait au diable l'honneur de ce chef-d'œuvre; de simples conjectures l'attribuent à Trajan.

Agreda, Arévalo, Lerma, Aranda de Duero et Haro, méritent une mention particulière. Santogna et Castro-Urdiales sont de bons ports de mer dans la Montagne.

Ce que l'on appelle communément Biscaye, comprend trois provinces distinguées par le nom de Basquaises : la seigneurie, qui est la vraie Biscaye, Guipuscoa et Alava. Leurs limites sont : à l'orient, le royaume de Navarre et une partie de la France; au midi et à l'occident, la Vieille-Castille; et au nord la mer Cantabrique.

L'unique cité qui se trouve dans la seigneurie de Biscaye est Ordugna, très-près de la frontière de Castille; et la ville principale est Bilbao, située sur une rivière navigable qui lui donne un grand commerce. Bermeo, port de mer; Durango, Lequeito, Garnica et Valmaseda, sont des villes considérables de la même seigneurie.

De la province de Guipuscoa dépend la cité de Saint-Sébastien, bon port, place forte, et résidence d'un commandant général, et la cité de Fontarabie, aussi port fortifié. Cette province possède encore entr'autres grandes villes celles de Tolosa, Hernani, Ognate, avec université; Mondragon, Azpeitia, Azcoitia et Bergara, où se trouve un séminaire royal patriotique pour l'instruction de la jeunesse.

La cité (1) de Vitoria est la capitale de la province d'Alava, et ses plus grandes villes sont la Guardia, la Bastida et Salvatierra.

CHAPITRE IV.

Trois provinces d'Espagne, non maritimes, et situées vers le nord ; savoir, l'Arragon, la Navarre et Léon.

LE royaume d'Arragon est borné à l'est par la principauté de Catalogne ; au midi, par le royaume de Valence et par la Nouvelle-Castille ; à l'ouest, par le même royaume, la Vieille-Castille et la Navarre ; enfin au nord, par les Pyrénées. Saragosse, capitale de ce grand royaume et autrefois séjour de ses souverains, située sur les rives de l'Ebre, est un archevêché métro-

---

(1) Je crois devoir répéter encore que les cités répondent à nos villes, et les villes à nos bourgs, et pour faire juger de l'importance de ces villes, il suffit de dire que Bergara, qu'on vient de voir rangée au nombre des grandes villes du Guipuscoa n'a pas une population au-dessus de sept mille ames.

politain ; le capitaine général et l'audience royale d'Arragon y résident. Elle a une université, des temples somptueux, des hôpitaux et d'autres édifices importans. Les cités épiscopales suffragantes de l'archevêché de Saragosse, sont : Huesca, qui a une université, Barbastro, Jaca, place de guerre, Tarazona, Albarzacin et Teruel. Les autres cités sont : Catalayud, Daroca, Fraga, Borja et Alcagniz; et les villes les plus peuplées sont entr'autres : Caspe, Belchite, Rubielos, Albalate, Alcorisa, Epila, Exea, Hijar, Carignena, Almunia, Mora, Sos, Monzon, place forte, et Benavarre, capitale de l'ancien comté de Ribagorza.

Les confins du royaume de Navarre, sont : à l'orient, l'Arragon; au midi, une partie de l'Arragon et une partie de la Vieille-Castille; à l'occident, les provinces d'Alava et de Guipuscoa; et au nord, les Pyrénées qui la séparent de la Navarre française. Pampelune, cité, capitale, place forte, et séjour des anciens rois de Navarre, est la résidence d'un évêque, d'un vice-roi et d'un capitaine général de tout le royaume, d'un conseil royal et d'une université : elle a plusieurs hôpitaux, de beaux édifices publics et des promenades agréables. Les autres cités de la Navarre sont : Tudela, évêché ; Estella, Olite, Tafalla, Sanguesa, Corella, Viana et Cascante ; et les villes principales, Paralta, Vera, Villafranca, Fitero et Puente de la Reyna.

Les limites du royaume de Léon sont : au levant, la province de Burgos ; au midi, celle d'Avila et l'Estremadure ; au couchant, la Galice et le Portugal ; et au nord, les Asturies. Ce royaume comprend la province appelée proprement de Léon, celles de Palencia, Zamora, Toro, Salamanque, et la majeure partie de celle de Valladolid. Léon, cité, capitale, et séjour des anciens rois de Léon, a un évêque indépendant comme celui d'Oviedo, et sa cathédrale passe pour une des plus belles d'Epagne. Palencia, Astorga, Zamora, résidence du capitaine général de la Vieille-Castille, Ciudad-Rodrigo, place de guerre, et Salamanque renommée par son illustre et antique université, sont aussi des cités épiscopales. Le royaume de Léon comprend, en outre, les cités de Toro et Médina de Rioseco, et les villes de Villalpando, Sahagun, Saldagna, Mayorga, Pegnaranda, Becerril de Campos, Benavente, Torquemada, Tordesillas et autres.

CHAPITRE V.

Quatre provinces d'Espagne, non maritimes, du côté du sud, savoir : la Nouvelle-Castille, l'Estremadure, Cordoue et Jaen.

La Nouvelle-Castille, le plus étendu des royaumes de la péninsule et située au centre, comprend cinq provinces : celle de Tolède, celle de Madrid, celle de Cuença, celle de Guadalaxara et celle de la Mancha. Ses limites à l'orient, sont : le royaume de Valence et une partie de l'Arragon ; au midi, ceux de Murcie, Jaen et Cordoue ; à l'occident, l'Estremadure et la province d'Avila ; et au nord celles de Soria et Ségovia. Les montagnes de Guadarrama séparent la Castille nouvelle de la vieille.

La ville (non cité) de Madrid, aujourd'hui capitale de toute la péninsule, comme séjour des rois, est la principale et plus belle du royaume, par son étendue, le nombre de ses habitans, la largeur de ses rues et leur propreté due aux sages réglemens de Charles III, sous le règne duquel

Madrid s'est embelli par des édifices et des promenades publiques, et enrichi par divers établissemens très-utiles. Dans cette ville résident les tribunaux supérieurs de la monarchie, qui sont: le conseil d'Etat, celui de la guerre, le conseil royal et chambre de Castille, le conseil de l'Inquisition, le conseil et chambre des Indes, celui des ordonnances et des finances; outre ceux-là s'y trouvent encore l'assemblée des alcaldes de Casa et de Corte, le tribunal de la chambre des comptes, la commission de la croisade, la rote, la junte royale de commerce, mines et monnoies, le siége supérieur des postes et courriers, et le tribunal de proto-médecine, sans compter d'autres juntes et tribunaux particuliers. Madrid est aujourd'hui place d'armes et résidence du commandant général de son district. Elle a deux palais royaux: l'un habité aujourd'hui par le roi, et l'autre celui du Buen-Retiro, situé à l'extrémité de la ville et réputé maison royale. Cette ville a aussi un hospice royal, un grenier à froment (1), deux hôtels de monnoie,

---

(1) Cet édifice, peu considérable au dessus du sol, consiste principalement dans les souterreins

une bibliothèque royale (sans compter celles particulières), un séminaire pour l'éducation de la noblesse, un cabinet d'histoire naturelle, un jardin botanique, un observatoire, un muséum, non encore achevé, une belle douane, un superbe hôtel des postes, des colléges royaux des sciences et humanités, et différentes académies, telles que celle de la langue castillane, celle d'histoire, celle de peinture, sculpture et architecture, celle de droit espagnol et de droit public, celle de droit canon et de discipline ecclésiastique, celle de médecine, celle de latinité, et une société économique.

Parmi les diverses maisons royales, il y en a quatre où le roi et la cour résident une grande partie de l'année; savoir, le Pardo, à deux lieues de Madrid; San-Lorenzo, ou l'Escurial, où sont rassemblés tous les chefs-d'œuvres des arts, et distant de Ma-

---

destinés anciennement à serrer les grains. Le froment se conserve tellement dans ces sortes de souterreins, qu'on a découvert de semblables puits dans le royaume de Grenade, fermés à l'époque des guerres des Mores, dans lesquels le bled enterré depuis plusieurs siècles était parfaitement sain.

drid de sept lieues ; Aranjuez à égale distance, séjour très-agréable, entre le Tage et le Xarama; et Saint-Ildephonse, éloigné de Madrid de quatre lieues, célèbre par ses jardins et ses fontaines. Toutes ces maisons royales se sont accrues, depuis un certain nombre d'années, au point que de simples maisons de campagne, elles se sont converties en grandes villes.

La cité de Tolède est, depuis les temps les plus reculés, la capitale de la Nouvelle-Castille ; située sur les bords du Tage; elle fut le séjour des rois goths, mores et castillans. Son archevêque est primat des Espagnes; et sa cathédrale, fameuse entre les plus belles de ces royaumes : on y admire, ainsi que dans le château ou palais royal, et dans d'autres temples et édifices, un grand nombre de monumens précieux d'architecture, de peinture et de sculpture. Tolède a une université.

Cuença est une cité épiscopale, suffragante de l'archevêché de Tolède, ainsi que Sigüenza, où il y a université. Les autres cités de la Nouvelle-Castille, sont : Guadalaxara, où se trouve une fabrique royale de draps et autres tissus de laine. Alcala de Hénarès, célèbre par son université Saint-Clément, Ciudad-Réal et Alcaraz. Parmi le grand nombre de villes considérables, nous nous contenterons de citer, comme plus peuplées, Talavera de la Reyna, florissante par ses fabriques d'étoffes de soie, établies aux frais du trésor public; Almagro, qui a une université; Valdepegnas, Herencia, Alcazar de San-Juan, Agnover, Robledo, Manzanarès, Requena, Infantes, Consuegra, Ocagna, Tarazona, Xadraque, Tarancon et Brihuega, connue par ses fabriques de draps, et mémorable par la victoire qu'y remporta Philippe v.

La province de la Mancha se subdivise, comme beaucoup d'autres en Espagne, en haute et basse. Le pays appelé la Alcarria, se compose de divers territoires dépendans, en majeure partie, des provinces de Guadalaxara et de Cuença.

La seigneurie de Molina, dont la capitale est la cité de Molina d'Arragon, est située entre l'Arragon et la Castille, à l'extrémité nord-est de cette dernière.

La province d'Estremadure est bornée au levant, par la Nouvelle-Castille et le royaume de Cordoue; au midi, par celui de Séville; au couchant, par le Portugal; et au nord, par le royaume de Léon. Sa capitale est la cité de Badajoz, située sur les bords du Guadiana, siége épiscopal, place de guerre, et résidence du commandant général de l'Estremadure. Les autres cités de cette province sont Plasencia et Coria, l'une et l'autre épiscopales; Mérida, Xerez de los Caballeros, Llerena, Truxillo et Alcantara, place forte; et les villes les plus peuplées, sont : Albuquerque (aussi fortifiée); Cacères, Don Benito, Zafra, Villanueva de la Serena, et Cabeza de Buei.

Le royaume de Cordoue a pour limites au levant, celui de Jaen; au sud, ceux de Grenade et de Séville ; au couchant, ce dernier royaume et l'Estremadure, et au nord, la province de la Mancha. La capitale est Cordoue, cité épiscopale, avec une cathédrale magnifique qui fut une mosquée au temps des Mores, différens hôpitaux, et des haras royaux où s'élèvent les meilleurs chevaux d'Espagne. Lucena, Montilla et Bujalance, sont des cités dépendantes de ce royaume, où l'on trouve en outre des villes assez grandes, telles que Palma, la Rambla, Priego, Poroblanco, Cabra, Hinojosa, Fuente-Ovejuna, Baera et Fernan-Nugnez.

Le royaume de Jaen est borné au levant et au midi par celui de Grenade ; à l'occident, par celui de Cordoue ; et au nord, par la province de la Mancha. La cité de Jaen, capitale de ce royaume, est un siége épiscopal ; celle de Baeza, qui a conservé une université, était aussi autrefois évêché. Ce royaume a encore les cités de Ubeda, Andujar et Alcala-la-Réal, et les villes de Cazorla, Martos, Porcuna, Linares, Alcaüdète, Torre-Don-Ximeno et autres.

Dans la Sierra-Morena, qui sépare l'Andalousie de la Castille, il s'est établi depuis un certain nombre d'années, diverses habitations dont les principales sont la Carolina et la Carlota ; cette sage et utile mesure, a tranformé en un pays cultivé et florissant, celui qui n'était auparavant qu'un désert et une retraite de brigands.

CHAPITRE VI.

Isles de la mer d'Espagne et fin de la Description de ces Royaumes.

De toutes les îles sujettes à la domination espagnole, les plus voisines de la péninsule, sont celles dites *Baleares*, situées à l'est de l'Espagne, dans la mer Méditerranée. Les trois principales et peuplées sont Mayorque, Minorque et Ibiza. Celles de Formentera, Cabrera, Dragonera, etc, sont presque dépeuplées, ainsi que les divers îlets voisins de ces îles.

Mayorque, la plus grande des Baléares, a pour capitale la cité de Palma, séjour des anciens rois de Mayorque, port de mer et place forte, résidence d'un évêque, d'un capitaine général, d'une audience royale et d'une université. Alcudia est aussi une cité avec un bon port; et au nombre des villes considérables sont: Manacor, Pollenza, Felaniche, Inca, Arta, Soller et autres.

La capitale de l'île de Minorque est Citadela ou Ciudadela. Son port de Mahon est un des meilleurs de la Méditerranée; et celui de Fornells est assez sûr pour de petites embarcations.

La ville d'Ibiza est la capitale de l'île de ce nom; on y a érigé récemment un évêché, dans la juridiction duquel l'île de Formentera est comprise.

Le climat de l'Espagne est en général tempéré, quoique la chaleur et la sécheresse y dominent plus que le froid et l'humidité. Le sol est fertile et propre à produire, avec une culture ordinaire, tout ce qui est nécessaire à la vie; il abonde en minéraux et en fruits précieux, principalement en bleds, vins, huiles, laines, soies, etc.; en excellens chevaux, en poissons et en gibier. Les naturels du pays sont robustes, sobres, bravant l'intempérie des saisons, courageux, attachés à leurs rois, jaloux de leur religion, et doués de jugement et de génie pour les sciences et les arts, dans lesquels ils se sont distingués toutes les fois qu'ils s'y sont appliqués, comme le prouve le grand nombre d'hommes illustres en tout genre que l'Espagne a produits. Le gouvernement d'Espagne est monarchique; sa religion, la catholique apostolique romaine, sans mélange ni tolérance d'aucune autre, et sa langue dominante, la castillane, riche, majestueuse et sonore, dérivée principalement de la latine et augmentée de mots arabes, et d'un petit nombre d'expressions empruntées des autres nations. Certaines provinces d'Espagne ont des idiomes ou dialectes particuliers : tels sont le catalan et le valencien, le galicien et le basque qui, dès les tems les plus reculés, se parle dans les provinces basquaises; mais la langue castillane est celle qu'on emploie généralement pour les actes publics, ainsi que dans la société des personnes

DE L'ESPAGNE ET DU PORTUGAL. 313

sonnes instruites, non-seulement en Espagne, mais encore dans toutes ses possessions d'outre-mer.

CHAPITRE VII.

Possessions coloniales de l'Espagne en Asie, en Afrique et en Amérique. (1)

Les Espagnols possèdent en Asie, au sud-est du Japon, l'île de Guahan avec d'autres appelées *Mariannes*, ou *Iles des Voleurs*, découvertes par Fernand Magallanès; plus au sud encore, les Philippines, dont le nombre est extrêmement considérable, et dont les principales sont les quatre suivantes : Manille, ou l'île de Luçon, dont la capitale est la cité de Manille, où réside un capitaine général, une audience et un archevêque, qui a deux évêques suffragans dans les cités

---

(1) Ce chapitre est extrait de l'ouvrage de Yriarte sur la géographie universelle; on n'y trouvera pas comprises quelques colonies espagnoles de peu d'importance; mais j'ai cru devoir y réunir celles que possède cette couronne dans les Deux-Mondes.

O

de Nueva Segovia et Nueva Caures, et un autre dans l'île de Cebu. Mindanao, dont la capitale porte le même nom, (quoiqu'on l'appelle aussi *Tabuc*) avec un port assez fréquenté. Tendaya ou Samar, qui reçut la première le nom de *Philippine*, et celle de Cebu, déjà citée, dont la capitale se nomme *le doux Nom de Jésus*. Il y a encore d'autres îles nommées *les Nouvelles Philippines*; mais elles sont peu connues des géographes: il en est de même des Maldives.

Sur la côte d'Afrique, dans le district de Tremecen, régence d'Alger, l'Espagne possédait le Préside et place forte d'Oran avec le port de Mazarquivir; un tremblement de terre ayant détruit la place d'Oran, les Barbaresques ont réduit cette possession de l'Espagne au seul port dont nous venons de parler. Dans le royaume de Fez, les Espagnols possèdent également Ceuta, Melilla, le pic de Velez et Alhucemas. Ceuta, le principal de ces établissemens, est une cité épiscopale et une place bien fortifiée. Melilla, quoique petite, a aussi le titre de cité ; mais le Pic et Alhucemas ne sont que deux forteresses situées dans deux îles, chacune avec la garnison qui leur est nécessaire.

A l'occident de l'Afrique, la couronne

d'Espagne possède les îles de Anobon et de Fernando-de-Pô, ainsi que celles Canaries. Ces dernières sont au nombre de sept principales : Canaria, Ténériffe, la Palma, Lanzarote, Fuerteventura, la Gomère et l'île de Fer. Celle de Canarie a donné son nom à toutes les autres, et dans sa capitale, la cité de Las-Palmas, résident une audience royale et un évêque suffragant de l'archevêché de Séville. Son port le plus fréquenté est celui qu'on appelle *de la Luz*. L'île de Ténériffe, la plus riche et la plus peuplée des Canaries, a pour capitale la cité de Saint-Christophe de la Laguna. Son port principal et de plus grand commerce, est celui de Sainte-Croix de Ténériffe, où résident le commandant général de toutes ces îles, et les employés des finances. Ses villes les plus considérables, après les deux déjà citées, sont celle de la Orotava et le port du même nom. L'île de la Palma a pour capitale, Sainte-Croix de la Palma, ainsi nommée pour la distinguer de Sainte-Croix de Ténériffe. Fuerteventura, quoique la plus grande des Canaries, n'est ni la plus peuplée, ni la plus commerçante. Sa capitale est la ville de Sainte-Marie de Betaneuria. Lanzarote a pour capitale la ville de Saint-Michel de Teguise;

la Gomera, celle de Saint-Sebastien; et l'île de Fer, celle de Valverde.

Les possessions espagnoles dans l'Amérique septentrionale, consistent dans le royaume de la Nouvelle-Espagne, le royaume de Goatemala, les provinces intérieures, la Louisiane et la Floride. Il s'y trouve un vice-roi, celui du Mexique, ou Nouvelle-Espagne, et quatre audiences: celle de Mexico, celle de Guadalaxara, celle de Goatemala, et celle de Santo-Domingo dans l'île de ce nom.

Pour plus de clarté, nous ne parlerons de cette île et des autres, qu'après avoir achevé la notice des possessions en terre ferme. Ces colonies ont trois archevêchés, celui de Santo-Domingo, celui de Mexico et celui de Goatemala, avec quinze évêchés suffragans. La vice-royauté du Mexique et les districts des audiences dont j'ai parlé, renferment un grand nombre de provinces; mais il y en a huit principales dans la Nouvelle-Espagne, sept dans le royaume de Goatemala, et sept autres dans le pays connu sous le nom de *Provinces-Intérieures*.

Les huit provinces de la Nouvelle Espagne sont celles qui suivent, avec le nom de leurs capitales : la province de Mexico, dont la capitale, qui l'est aussi de tout le royaume, est la grande et riche cité de Mexico, résidence du vice-roi, du capitaine général et de l'archevêque métropolitain. Elle a une université, de belles églises, des palais, des hôpitaux, des promenades; et enfin peut être comparée à quelques-unes des plus magnifiques capitales de l'Europe. De cette province dépendent les cités de Quiritaro et Tezcuco, ainsi qu'Acapulco, fameux port sur la côte de la mer du sud. La province d'Yucatan, qui est une péninsule, a pour capitale la cité épiscopale de Merida d'Yucatan, et ses plus grandes peuplades sont le port de Saint-François-de-Campêche et la ville de Valladolid, dite d'*Yucatan*, pour la distinguer d'une autre qui se trouve dans le Mechoacan. Villa-Hermosa est la capitale de la province de Tabasco; la cité épiscopale d'Oaxaca ou Antequera, celle de la province d'Oaxaca ou Guaxaca; la province de Tlascala a pour capitale la cité épiscopale de Puebla de Los Angeles, et renferme aussi la cité de Veracruz, port le plus fréquenté du golfe du Mexique; de la province de Mechoacan, la capitale est la cité épiscopale de Valladolid de Mechoacan; de celle de Guadalaxara ou Nouvelle-Galice, la cité de Guadalaxara où réside un évêque et une audience royale; et de celle du nouveau Sant-Ander, la ville de Santander.

Les sept provinces du royaume de Goatemala sont : Goatemala, dont la capitale, qui l'est de tout le royaume, est la cité archiépiscopale de Santiago de Goatemala, où réside le capitaine général, l'audience et une université; Chiapa, capitale Chiapa-la-Réal, ou Cindad-Réal, évêché; Soconusco, capitale Soconusco, ou Güevetlan; Vera-Paz, capitale Coban; Honduras, ou Comayagua, capitale Comayagua, autrement dite *Valladolid*, évêché; Nicaragua, capitale Léon de Nicaragua, évêché; et Costa-Rica, capitale Cartago.

Les provinces intérieures se réduisent aux sept suivantes : le nouveau royaume de Léon, capitale Monterrei, évêché; les provinces de : Coahuila, ou nouvelle Extremadure, capitale Santiago de Monclova; Texas ou nouvelles Philippines, capitale Saint-Antoine de Béjar; Nouvelle Biscaye, capitale Durango ou Guadiana, évêché; Sonora ou Nouvelle-Navarre, qui renferme celle de de Cinaloa et autres, et a pour capitale la cité d'Arispe, évêché; le Nouveau-Mexique, capitale Santa-Fé; et la Californie, ancienne et nouvelle, dont les principales villes sont : Notre-Dame de Lorette et le port de Monterrei. A l'Orient de la Nouvelle-Espagne, est située la Louisiane (1), divisée en haute et basse; la Nouvelle-Orléans en est la capitale. A l'ouest de la Louisiane et au sud des Etats-Unis, est la Floride, divisée en orientale et occidentale; la première a pour capitale, Saint-Augustin, et la seconde, Pensacola, villes toutes deux maritimes.

Parmi les îles appelées *Antilles*, voisines du continent septentrional de l'Amérique, les principales possessions de l'Espagne sont: l'île de Cuba, celle de Puerto-Rico, et partie de celle de Saint-Domingue (2). Cuba a pour capitale, la Havanne, excellent port et place forte, où réside aujourd'hui l'évêque, quoique la cathédrale et le chapitre soient dans la cité de Santiago de Cuba.

Saint-Domingue ou Espagnola, divisée en deux parties inégales, l'une française et l'autre espagnole, a pour capitale de cette dernière partie, qui est l'occidentale et la plus étendue, la cité et port de Santo-Domingo, résidence d'une audience et d'un archevêque métropolitain, primat des Indes, dont les évêques de Cuba, Puerto-Rico, Caracas et Mérida de Mara-

---

(1) Aujourd'hui appartenant aux Etats-Unis.
(2) Cédée à la France.

caibo, sont suffragans. De l'audience de Saint-Domingue, dépendent aussi les îles de Cuba et Puerto-Rico, la Floride, et une partie de la Terre-Ferme dans l'Amérique méridionale.

Puerto-Rico appartient toute entière à l'Espagne, et sa capitale, cité épiscopale, est Saint-Jean de Puerto-Rico.

Les îles de la Trinidad (1) et de la Margarita, également appartenantes aux Espagnoles, et qui font partie des îles sous le vent, dépendent de l'Amérique méridionale.

Dans cette immense péninsule, divisible en cinq parties principales, deux seulement, savoir : le Brésil, qui appartient aux Portugais et le pays des Amazones, encore indompté, ne font pas partie des possessions espagnoles. Presque tout le reste, à l'exception de la Guyane, forme les trois vice-royautés suivantes : celle du nouveau royaume de Grenade ou Santa-Fé; celle du Pérou, et celle des provinces de Rio de la Plata ou de Buenos-Ayres.

Dans chacune de ces vice-royautés, il y a deux audiences; dans le nouveau royaume de Grenade, celle de Santa-Fé et celle de Quito; dans le Pérou, celle de Lima et du Chili; et dans les provinces de Rio de

---

(1) Cédée aux Anglais.

la Plata, celle de Charcas et celle de Buenos-Ayres. Lima, Charcas et Santa-Fé, sont des archevêchés qui ont seize suffragans sur dix-huit évêchés que renferment les possessions espagnoles dans l'Amérique espagnole. Les deux autres, Caracas et Maracaibo, sont, comme nous l'avons dit, suffragans de l'archevêché de Santo-Domingo.

La vice-royauté du nouveau royaume de Grenade renferme un très-grand nombre de provinces, dont les principales sont : Santa-Fé, qui donne son nom à toute la vice-royauté, Veragua, Panama, le Darien, Carthagène, Sainte-Marthe et Rio de la Hacha, Maracaibo, Venezuela, et Cumana, appelées *Provinces de Terre-Ferme*. Outre celles-là, elle comprend encore les provinces de Nouvelle-Barcelone, Nouvelle-Andalousie ou Guyane, Saint-Juan de Los Llanos, Antioquia, le Choco, Popayan, Quito, anciennement royaume, et les immenses territoires des Missions, les uns voisins du pays des Amazones, les autres dans ce pays même, mais peu connus.

Les capitales de ces provinces, sont : de Santa-Fé, Santa-Fé de Bogota, résidence du vice-roi, de l'audience royale, de l'archevêque métropolitain et d'une université de Veragua, Santiago ou la Conception de Veragua; de Panama, la cité épiscopale et port de Panama, dans l'Isthme de ce nom sur la mer du Sud; du côté de la mer du Nord est Portobelo, port très-commode, qui s'appelle aussi *Cité de Saint-Philippe*. Dans la province de Darien, il n'y a aucune ville considérable. Celle de Carthagena a pour capitale la cité épiscopale de Carthagène, très-bon port que nous appelons communément *Carthagène des Indes*, pour le distinguer de celui d'Espagne, et qu'il ne faut pas confondre avec Cartago, capitale de Costa-Rica. La province de Santa-Marta et Rio de la Hacha, a pour capitale la cité épiscopale et port de Santa-Marta; la province de Maracaibo, Merida de Maracaibo, évêché, située sur les bords d'un grand lac, aussi appelé *Maracaibo*; et la province de Venezuela, autrement appelée *Caracas*, Caracas ou Santiago de Léon, évêché; cette province à trois ports principaux qui sont la Guaira, Puerto-Cabello, et Cozo ou Venezuela, qui fut autrefois la capitale. De la province de Cumana, est aujourd'hui capitale la cité maritime de Cumana; de celle de Nouvelle-Barcelone, la cité de Saint-Christophe de Barcelone, et de la Nouvelle-Andalousie ou Guiane, la nouvelle cité de la Angostura.

(Le reste de la Guiane appartient aux Portugais, aux Français et Hollandais.) La province de Saint-Juan de los Llanos a pour capitale Saint-Juan de Saint-Martin; celle d'Antioquia, la cité de même nom. La province de Choco n'a point de ville importante. Celle de Popayan, a pour capitale la cité épiscopale du même nom. Saint-François de Quito, où réside l'audience royale et l'évêque, est la capitale de la province de Quito. Cette dernière province comprend divers gouvernemens qu'on a coutume d'appeler aussi provinces, comme Guayaquil, dont la capitale est la cité et port de Santiago de Guayaquil, le gouvernement de Quinos et Macas, celui de Jaen de Bracamoros et autres.

Du royaume du Pérou dépendent différentes provinces. La principale est celle de Lima, dont la capitale, Lima, ou la grande ville des rois, est le séjour du viceroi, de l'audience et de l'archevêque métropolitain. Elle a une université et un port nommé *du Callao*, à deux lieues de Lima. Les autres principales provinces sont: Truxillo, Arequipa, Guamanga et Cuzco. Leurs capitales, qui portent les mêmes noms, sont des cités épiscopales. Chacune de ces provinces comprend de moindres divisions aussi appelées *provinces*, divers gouvernemens et jurisdictions; ainsi, par exemple, dans le district de Lima sont incluse Xauxa, Guanuco et d'autres provinces; dans celui de Truxillo, celles de Piura, Sagna et Caxamarca; dans celui d'Arequipa, celle d'Arcia et de Condesuyos; dans celui de Guamanga, celles de Guancavelica, Castro-Virreina et Angarais; dans celui de Cuzco celles d'Abancai, Cotabamba et Lampa, sans compter beaucoup d'autres que nous omettons pour éviter la confusion et la prolixité.

De la vice-royauté du Pérou dépend également le royaume de Chili, qui se divise en ancien et moderne, et s'étend sur une grande partie de la côte de la mer du sud, depuis les confins du royaume du Pérou jusqu'au cap de Horn, dans la terre de Feu qui gît au midi du détroit de Magellan. La capitale du royaume de Chili est la cité de Santiago de Chili, où résident l'audience royale et un évêque. La Conception de Chili est aussi une cité considérable et épiscopale; et les principaux ports et places fortes du même royaume, sont la même cité de la Conception, Valdivia et Valparait.

De la vice-royauté de Rio de la Plata, ou de Buenos-Ayres, dépendent de grandes provinces, dont les suivantes sont les principales : Buenos-Ayres, dont la capitale du même nom, située sur la rive méridionale de Rio de la Plata, est la résidence du vice-roi, de l'audience royale et de l'évêque. La province du Paraguai a pour capitale la cité de l'Assomption du Paraguai ; celle de Tucuman, la cité de Cordoue du Tucuman ; celle de Santa-Cruz de la Sierra et celle de la Paz, les deux cités du même nom. Ces quatre villes sont épiscopales.

La capitale de la province de Charcas est la cité de la Plata, ou Chuquisaca, où se trouvent une audience royale, un archevêque et une université ; celle de la province de Cuyo est la cité de Mendoza. Chacune de ces provinces comprend, ainsi que nous l'avons dit du Pérou, différens gouvernemens ou territoires auxquels on a coutume de donner le nom de *provinces*. Les plus considérables d'entre eux sont : dans le district de Charcas, Oruro, Potosi, Cochabamba et Chayanta ; dans celui de la Paz, Chucuito et Larecaxa ; dans celui du Tucuman, Salta, Saint-Michel de Tucuman, Santiago del Estero, Jujui, etc. Outre ces pays, il y en a une multitude d'autres qu'habitent des Indiens, en partie soumis, en partie sauvages et errans, et dans lesquelles on ne trouve d'autres villes que des missions et de petits établissemens: tels sont le pays des Moxos et celui des Chiquitos, compris dans la juridiction de Santa-Cruz de la Sierra, celle des Guaranies, des Pampas et le Chaco.

Enfin à la vice royauté de Buenos-Ayres, sont aggrégées les vastes régions méridionales, presque désertes ou inconnues, qui se distinguent sous les noms de *terre Magellanique*, *côte des Patagons*, et autres.

Parmi les îles innombrables de l'Amérique méridionale, les Espagnols possèdent entre autres, les Malouines et l'île de Chiloe, assez spacieuse, et comprise dans le royaume de Chili : sa capitale est la ville de Castro.

CHAPITRE VIIIe ET DERNIER.

Description du royaume de Portugal.

L<small>E</small> royaume de Portugal, compris dans la péninsule d'Espagne et qui a fait partie de cette monarchie, est situé à son extrémité occidentale de l'Espagne et de toute l'Europe de ce côté; il est borné à l'orient par les provinces de Zamora, Salamanque et Extremadure, et par le royaume de Séville ; au midi et à l'occident, par l'Océan

Atlantique: et au nord, par le royaume de Galice. Sa plus grande largeur du nord au sud, est d'environ cent vingt lieues; et de l'est à l'ouest, de cinquante. Ses rivières les plus considérables sont: le Migno, le Duero, le Tage, le Guadiana et le Mondego.

Ce royaume se divise en six provinces: deux vers le nord, appelées entre Duero et Migno, et Tras-os-Montes; deux au milieu du royaume, qui sont Beira et l'Extremadure portugaise, qui touche celle d'Espagne; et les deux autres au midi, nommées Alentejo et Algarve.

La cité épiscopale d'Oporto, capitale de la province d'entre Duero et Migno, est un port de grand commerce. Braga, cité archiépiscopale, et Viana, place de guerre, appartiennent à la même province. Dans celle de Tras-os-Montes, on distingue Miranda, sa capitale et évêché; la cité de Bragance et la place forte de Chares. Dans celle de Beira, sa capitale, Coimbre, siége épiscopal, avec une université célèbre; Viseu, Lamego et Guarda, évêchés; Aveiro, et Almeida, place forte. De l'Extremadure portugaise et de tout le royaume, la capitale est Lisboa (Lisbonne), ville populeuse, située près de l'embouchure du Tage, avec une baie spacieuse, qui forme un port sûr et sert d'échelle pour le commerce. Lisboa est une place forte, son archevêque est primat de Portugal. Dans l'Extremadure sont compris la cité épiscopale de Leizia et le port de Sétubal, qui passe pour le meilleur de Portugal. La capitale d'Alentejo est Evora, archevêché avec université : on y compte encore Beja, Portalègre et Elvas, cités épiscopales, dont la dernière est une place forte. Enfin la province d'Algarve, qui a le titre de royaume, a quatre cités, Faro, capitale et évêché ; Tavira, Silves et Lagos, port et place de guerre.

Le gouvernement de Portugal est monarchique ; sa religion, la catholique, comme en Espagne ; et son sol produit presque les mêmes fruits. La langue portugaise, fille de la latine, conserve beaucoup de ressemblance avec l'ancien castillan et avec le dialecte que l'on parle aujourd'hui dans le royaume de Galice. (1).

---

(1) N'ayant donné cette description abrégée du Portugal qu'en raison de la liaison qu'a ce royaume avec l'histoire d'Espagne, je n'ajouterai point ici la description de ses colonies.

F I N.

www.ingramcontent.com/pod-product-compliance
Lightning Source LLC
Chambersburg PA
CBHW070609160426
43194CB00009B/1237